[英国] 威廉·多伊尔 著 黄艳红 译

法国大革命

牛津通识读本·

The French Revolution

A Very Short Introduction

译林出版社

图书在版编目（CIP）数据

法国大革命／（英）威廉·多伊尔（William Doyle）著，黄艳红译．—南京：译林出版社，2017.3（2022.10重印）
（牛津通识读本）
书名原文：The French Revolution: A Very Short Introduction
ISBN 978-7-5447-6496-4

Ⅰ.①法… Ⅱ.①威… ②黄… Ⅲ.①法国大革命
Ⅳ.①K565.41

中国版本图书馆 CIP 数据核字（2016）第 157884 号

著作权合同登记号　图字：10-2020-573 号

法国大革命 ［英国］威廉·多伊尔 ／ 著　黄艳红 ／ 译

责任编辑　何本国
责任印制　董　虎

原文出版　Oxford University Press, 2001
出版发行　译林出版社
地　　址　南京市湖南路 1 号 A 楼
邮　　箱　yilin@yilin.com
网　　址　www.yilin.com
市场热线　025-86633278
排　　版　南京展望文化发展有限公司
印　　刷　江苏凤凰通达印刷有限公司
开　　本　890 毫米 × 1260 毫米 1/32
印　　张　8.625
插　　页　4
版　　次　2017 年 3 月第 1 版
印　　次　2022 年 10 月第 7 次印刷
书　　号　ISBN 978-7-5447-6496-4
定　　价　39.00 元

序言

沈　坚

1989年，法国大革命二百周年纪念之时，一种对法国大革命新的历史解释在西方取得了主导地位，这一新的解释被称为法国大革命的"修正主义"。与传统的法国大革命解释不同，这一"修正主义"的观点是，法国大革命的最初动力主要来自思想方面，而不在于社会经济方面；它也不是由资产阶级发动的反对封建制度的斗争，而是各种复杂社会矛盾汇合的总爆发，由财政危机触发，后来走向无序；它的影响也主要在思想观念和政治行为方面，对法国社会的改造并不大。

本书的作者威廉·多伊尔就是法国大革命"修正"史学的代表人物之一。早在1980年，作者发表了《法国大革命的起源》一书，迅速扬名，此书也一版再版。1989年，他应牛津大学出版社之邀出版了关于法国大革命的专著《牛津法国大革命史》，此书2002年再版。因此，在这样的基础上写一本导读性的短篇法国大革命史，虽然可以驾轻就熟，但也容易落入俗套，陷入雷同的泥淖。作者说"其挑战性要比乍看起来的大"，不是没有道理的。

但此书依然写出了新意。作者将法国大革命的大众影响以“回响”的方式放在卷首，宛如小说作品的倒叙，让人急于想了解究竟。为了引人入胜，“回响”一章还引用大量为人熟知的作家和历史学家的作品，如奥斯卡·王尔德、柏克、卡莱尔、艾玛·奥希兹、狄更斯、托尔斯泰等，甚至提到在欧美国家家喻户晓的“让他们吃蛋糕吧”的传说，生动展示法国大革命在民众中的影响，并以广阔的视野提到了它的世界影响。

在叙事方式上，威廉·多伊尔一如既往，将自己的观点掩盖在对事件发生发展的娓娓道来之中。该书篇幅虽短，信息量却很大。英语原著在“回响”以后各章都以疑问词开头，如“为何发生”(Why)、“如何发生”(How)、“终结了什么”(What)、“开始了什么”(What)、“历史地位在何处”(Where)。本书分析了革命的起因、过程、结果和过往历史学家们对这一事件的研究和评价。一书在手，可以对法国大革命了然于胸了。

本书译者是我多年相识的学生和同行，也是法国旧制度和法国大革命史的专家，这几年来著述和译著颇丰，勤勉耕耘，必有所得。由专家来翻译专业著作可以避免一些低级错误，读了译著后，还意外发现，译者的中文表达也非常好，译文流畅，用词精到。此书出版可喜可贺，同时向译者表达我的敬意。

该书篇幅不大，序言更该简短，就此打住了。

2016年12月

目 录

前言

就一个此前已有各种篇幅的著述的课题写一本小书，其挑战性要比乍看起来更大。我们会想起一些以不同的形式数次“撰写雷同作品”的人士，但我们都不想成为这样的人。所以我的出发点不是复述一个为人熟知的故事，尽管任何自称导论[①]的文字某种程度上都免不了这样做。我想讨论的主要是法国大革命意义何在，为何其影响力在发生后的两个世纪中以多种方式持续存在。法国大革命的整个故事，无论是作为18世纪末的一系列事件，还是作为后世脑海中的一整套观念、形象和记忆，都在强有力地证明历史的重要性，并且堪称历史复杂性的显著范例。对于理解19世纪和20世纪，它是个重要参照，对于21世纪是否仍然如此，也许正如一位中国智者所言，言之尚早。

我最初认真地研习法国大革命，是在本科高年级的时候。这得益于诺曼·汉普森的神来之作《法国大革命社会史》的启

① 指原书名中的Introduction。——编注

发。该书的作者如今已年逾八旬，但它仍在重印，这一点我并不意外。后来，我有幸在约克大学成为诺曼的同事。谨以此书纪念我们多年的友谊，并致谢忱。尽管它比诺曼的任何一部作品都更纤薄，但愿他不致认为个中情谊与丰厚的生日礼物相比有丝毫之折扣。[①]

威廉·多伊尔于巴斯

2001年4月8日

① 诺曼·汉普森生于4月8日，与“前言”撰写同日。汉普森已于2011年去世。——编注

图1　路易十六：踌躇满志的绝对君主

第一章

回　响

“沃辛先生，”《不可儿戏》中的布莱克奈尔夫人说，“你刚才跟我说的话让我觉得有点困惑。在我看来，在手提包里出生，或至少在那里面被哺育——不管提包有没有把手——是对人生基本尊严的一种蔑视，这让人想起法国大革命中一个最恶劣的极端行为。我想，你知道那场不幸的运动导致了什么后果吧？”

沃辛先生想必是知道的。在19世纪，每个有着不错的基本知识的人，都对18世纪末那场标志性的大动荡有所了解。维多利亚时代的体面人士可能觉得，自己有义务了解1789年及随后法国所发生的事情及其原因，了解随之而来的混乱是如何以一场延续一代人之久的“大战”才告终结的——这场反拿破仑的战争给其父辈或祖辈的生活打上了烙印。沃辛先生一边啃着黄瓜三明治，一边梦想着迎娶布莱克奈尔夫人的女儿，也许他并没有多大的求知欲。不过，即便是他，也很可能了解法国大革命中最糟糕的极端行为，了解它们如何冒犯了生活的基本尊严。他也可能知道，一场群众起义走向了暴民统治，导致君主制被推

翻、贵族受到迫害。他也可能知道，大革命选择的复仇工具是断
1 头台，这种无情的砍头装置致使巴黎的街道上流淌着王党和贵族的鲜血。创造欧内斯特·沃辛先生和布莱克奈尔夫人（她的祖先若是法国人，恐怕也难逃断头台的噩运……）的作者在巴黎的阴暗流亡生活中结束了自己的一生。在巴黎，奥斯卡·王尔德周围布满了第三共和国领导人精心设置的象征物和影像，它们唤起的是对大革命所缔造的第一共和国的记忆。铸币和公共建筑上装饰着“自由、平等、博爱”的标语。每逢庆典，街道上飘扬着红、白、蓝三色的旗帜，这是法兰西民族在1789年采用的三色旗的颜色。每年7月14日的国庆节纪念的是1789年攻占巴士底狱的日子，人民在那一天进攻那座险峻的国家监狱，然后以自由的名义夷平了它。在这公众庆典的时刻，法国的爱国者们高唱《马赛曲》，这是1792年发起反对暴政的战争时出现的颂歌。王尔德在巴黎时，巴黎最壮丽的景观无疑是当时世界上最高的建筑——埃菲尔铁塔，它是1889年大革命一百周年之际一次大型博览会的核心展品。

在法国生活或到访法国的人，不可能不注意到这些回响；或说是拿破仑的回响，他曾在三色旗下踏上征途，曾经驯服并利用了大革命释放的能量，而他的侄子拿破仑三世曾在第三共和国建立之前统治了法国22年。任何人，只要他对法国稍有了解，哪怕只是通过间接渠道了解（要是通过学习法语来了解就更好了，法语当时仍然是大多数人外语学习中的首选），都不能不意识到，那场刚刚走出亲历者记忆的创痛和动荡给这个国家留下的深刻印记。很多人相信，或感觉到，这种印记应该是有益的，某种意义上也是必要的。每个人都知道王后玛丽·安托瓦内特的

故事并都为之深感震撼：1793年，王后在群众的欢呼声中走向断头台，而当初她得知人民没有面包时，曾说“那就让他们吃蛋糕吧”。（这个故事仍是家喻户晓，但没人在意，这是个老故事，安托瓦内特出生之前就有了，让-雅克·卢梭早在1740年就听说过。）各个新民族曾以宣告自己的解放为骄傲，或采用三色旗以 2
展望其解放，如1789年布鲁塞尔的爱国者、1796年米兰的爱国者。这一自由的旗帜仍在到处飘扬，从罗马到墨西哥城，从布加勒斯特到都柏林。波兰人先是于1794年高唱《马赛曲》以抵抗对其祖国的瓜分，后来又于1956年唱着《马赛曲》反对苏联的暴政。1789年革命之后，没有几个国家不曾经历过类似的场景，在所有国家，都有人回望那时在法国发生的事件，从中寻求启示、榜样、典范以及警示。

海峡对岸的视角

最超脱于这些做法的，是世界各地的英语国家。它们最近的革命发生在1789年之前，只有爱尔兰除外。即便是当时同情法国人的英语国家人士，也认为法国人给1688年在英国、1776年在美国宣告的自由带来了麻烦。不管怎样，这样的同情者终归是少数。对大多数说英语的人来说，其思想态度的模型早在1790年就由埃德蒙·柏克的《法国革命论》铸成了，它的问世比大革命“最糟糕的极端行为”要早好几年。当时有改革派称，法国人进行的只是1688年英国光荣革命、1770年代美国人的反叛（柏克曾是这一事业的支持者）所完成的工作；柏克对这一见解义愤填膺，他坚称法国大革命是某种全新的事物。此前英语世界的历次革命，目的在于保卫自由的遗产免受攻击。而根据这一新的法国标准，这些革命实际上根本不成其为革命，因为法国人要以全面摧毁的方式来建立他们所谓的自由。如果谨慎一点，如果对祖先的智慧怀有一点敬畏，他们本来能够纠正原有制度中少量而轻微的缺陷，并像英国人那样自由而平和地处置问题。但是他们宁愿追随那种未经尝试的理性梦幻、那些自封的
3 “哲人”，这种人掏空了对君主制、对社会秩序和对上帝的信念。结果就是无政府状态和“猪猡大众”充满嫉妒的统治。柏克预言说，随后将出现更糟的局面，需要建立军事独裁才能结束这一切。尽管没有预见到事态发展会如何血腥，他还是正确地估计到最后会是一位将军获胜。因此，柏克既是批评者，又被尊为先知；但是，英国人在处理事务方面对于法国人的优越之处，看来要在他死去18年之后，在滑铁卢的战场上才能得到完全的证实。

但法国人积习难改，1830年，巴黎发生新的革命（尽管为时更短），三色旗再次飘扬。过去的阴影为何萦绕着未来？随着亲自缔造或亲身经历最初的那场灾变的一代人逐渐离世，历史学家开始把它当作分析对象。今天，这些学者大多已经被遗忘，没有被遗忘的那位，在后世的历史学家们那里也没有得到多少敬意。此人就是托马斯·卡莱尔，但在塑造民众关于法国大革命的观念方面，他的影响比任何人都要大。他的《法国大革命史》（1837年）以不可复制的粗犷笔调，描绘了一幅满是愚蠢和报复的混乱画卷。与柏克不同，他没有为革命者所摧毁的旧制度辩护。他认为旧制度是腐败的，其命运乃咎由自取。当廷臣们在装腔作势、饶舌之人在夸夸其谈时，饥肠辘辘的大众已开始思索他们所受的压迫：“难以言表的混乱无处不在，它在内部翻腾，硫黄味从众多的表面裂隙中溢出。”大革命是群众暴力的

图2　1790年代，漫画家詹姆斯·吉尔雷从伦敦看到的海峡两边的对比

一场大爆发，人们的怨愤之情可以理解，尽管很难为之辩护。试图指挥或引领这场暴动的人，大部分都是蠢货或恶棍，所有这些人自以为是的做法让人心生怜悯。其中最可怕的人物是罗伯斯庇尔，他试图靠恐怖来统治，此后，在非法国人的脑海中，他被永远定格为“海绿色的不可腐蚀者”（既指他的气色，也指他的权威）。他将受害者一个个送上不归路，最后自己也坐着囚车（tumbril，这个指翻斗小推车的词快要被人忘记了，此后只在这一特殊语境中使用）步他们的后尘。当囚车经过时，“小红帽们
4 发出瘆人的欢呼声”：这里指的是无套裤汉，这些人不穿贵族的齐膝短裤，且以红色的自由帽来张扬其爱国主义。他们，还有他们吵嚷尖叫的女眷，都被发自肺腑的社会复仇欲望驱使着。卡莱尔认为，只有三个人能够疏导这种本能的力量。一个是米拉波，但他于1791年死去，其志未酬。另一个是丹东，1792年他曾凭自己的胆识将法国从外敌入侵的危险中拯救出来，但两年后也被恐怖浪潮席卷而去：“虽然满身缺陷，但他毕竟是个人物；他有火一般的热情，有一种源于自然的伟大的火热胸怀。”[就在卡莱尔写作此书时，格奥尔格·毕希纳正给德国人上演他的《丹东之死》（1835年）；在这部剧作中，相比于那些合谋杀害他的小人，如罗伯斯庇尔之流，丹东太有英雄气概了。]最后一个人是拿破仑，他在1795年把军队带入政治，用“一阵霰弹雨”浇灭了巴黎最后的叛乱。

戏剧化表现

卡莱尔的文字有别具一格的力度，它给后世留下的关于那段岁月的印象成了司空见惯的常识：没完没了的骚乱，血腥暴

虐，无情的“无套裤汉行径”，咆哮愤激的暴民。他的描述具有不可抗拒的戏剧效果。不过，卡莱尔同样关注无辜受难者的悲怆，这些人是人力无法控制的暴力的牺牲品。甚至当罗伯斯庇尔身披他的天蓝色新斗篷、坐在车上辘辘驶向断头台时，作者也流露出些许同情。这本书读来既让人激动，也令人震骇，人们把它当小说读，书也卖得像小说一样好。小说家们欣赏它，这方面没有人比得上查尔斯·狄更斯。

的确，狄更斯在《双城记》（1859年）中刻画的法国大革命
形象，对后世人的影响至为深远。这部小说从柏克那里借用了
一个基本主题——狂暴、骚动的巴黎与安全、繁荣和宁静的伦敦
之间的对比。但是，对狄更斯来说，最明显的指导者和启发者是
卡莱尔。他采用了后者关于旧体制的描写：一幅残酷的、压迫性
的阴暗画卷，一个“纵情掠夺和压迫”的世界，那里清白无辜的 6
不幸之人，会因权势者一时兴起就被囚禁在阴森险恶的巴士底
狱，根本不经过审判而在狱中度过数年；那里的贵族觉得，甩下
一枚金币就可以补偿轧死在自己马车轮下的孩子的生命。声誉
扫地的掌权者统治着赤贫又悲惨、对社会充满怨恨的人民，其中
有位德伐热太太，她一边冷漠固执地忙着手头的编织活儿，一边
为复仇到来的时刻筹划着，到时就可以报复欺压她家人的贵族
老爷们了。革命爆发，这个时刻终于来了：“‘巴士底！’这吼声
听起来像是全法国的呼喊都已凝结在这个令人憎恨的字眼中，
人间的海洋随着这咆哮声翻腾，来自深处的浪潮一层层涌起，最
后淹没了这座城市。警钟已敲起，鼓已经被捶响，暴怒的大海正
在滩头发出雷鸣般的吼叫，攻击开始了。”德伐热太太帮着引领
这一攻击：“‘什么！我们可以像男人们一样去杀人……！’随

着她一声尖厉而饥渴的呼喊，一伙妇女便聚集到一起，她们的武器五花八门，但她们都是在饥饿与仇恨中拿起武器的。”这样的骚乱持续了好几年，到1792年，断头台成了复仇的工具。德伐热太太和她的复仇伙伴们便围着断头台编织，一针针地计算着死者的数目。法国到处是“头戴红帽和三色徽、佩带民族火枪和马刀的爱国者”，他们阴郁多疑，发自本能地憎恶所有“贵族”。“衣着体面的人应该送进监狱，就像穿劳动服的工人应该去劳动一样。”到1794年初，

> 每天，在石头铺成的街道上，装满被判刑者的小轮车剧烈颠簸着。可爱的姑娘，明丽的妇人，头发有褐色的、黑色的、灰色的；有年轻人、健壮男子和老人；有贵族出身的、农民出身的：所有这些人都是献给断头台的红酒，他们每天都从可怕的监狱的阴暗地窖中被带出来，穿街走巷送到刑场上，以满足断头女神嗜血的饥渴。自由、平等、博爱，或者死亡——哦！最后一个词授予断头女神要容易得多！

虽然法国贵族夏尔·达尔奈逃过劫难，迫害他的德伐热太
7 太也在追究达尔奈之前就被杀了，但在小说的最后，为了满足德伐热太太的复仇欲望，英国律师西德尼·卡尔顿还是自愿牺牲在断头台上。

这些与浓墨重彩、令人心碎的故事交织在一起的形象，为奥斯卡·王尔德那一代人确定了看待法国大革命的标准。对于下一代人，以及整个20世纪，这些形象因为蒙塔古·巴斯托那些不太有才气的文字而更加强化；她很可疑地利用了自己遥

远的匈牙利出身，称呼自己为奥希兹女男爵。《红花侠》（1905年）及其续集记录了一个英国纨绔骑士珀西·布莱克尼的故事，此人过着双重的生活，以各种伪装将无辜的贵族从断头台上偷偷带走，送达海峡对岸的安全处所。跟狄更斯相比，她还是有所不同的。巴黎人民仍是“躁动不安、愤懑抱怨的大众，只是名义上的人类，因为有关他们的所见所闻都表明他们一无是处——顶多是些野蛮的受造物，受肮脏的激情、复仇欲和仇恨心理驱使着”；但他们的受害者，“那些贵族……他们所有人，男人、妇女和孩子，因为命运的偶然而成为自十字军以来缔造法国之辉煌的伟大人物的后代”，他们是同情的对象，对于自己祖先的那种传说中的压迫，他们没有任何责任。这段历史纯粹是嗜血的杀戮，这种杀戮欲只是因为“那该死的海绿[①]”，以及他勇敢的秘密行动小组而被成功地抵制，抵抗者全都是英国绅士。与卡莱尔和狄更斯不同，奥希兹很少暗示说，旧制度的命运是咎由自取。书中只是为“美丽的巴黎”而叹息，如今它“因为寡妇的哀号、失去父亲的儿童的哭泣而变得面目可憎”。

> 男人全都戴着红帽——其干净程度千差万别，而且都有三色帽徽……他们脸上如今都带有一种千篇一律的狡黠的怀疑神情。现在，每个人都是窥伺自己同类的密探：玩笑之中最清白的话语，也会随时被视作有贵族倾向，或视作背叛人民的证据。甚至妇女也常有一种奇特的恐惧表情，祸

① 珀西·布莱克尼的别名。——编注

色的双眼中闪烁着仇恨，她们到处窥探……窃窃私语……
8 “该死的贵族”！

20世纪的平行线

《红花侠》最初是一部成功的戏剧，在整个20世纪，人们不断对其进行改编和加工，将它搬上舞台和银幕。《双城记》同样如此。这两部作品给古装片带来的效益太丰厚了，以至于出品人无法长时间抗拒。不过，对于追寻革命样本的20世纪的观众来说，现在有了一些更直接的例子。1917年布尔什维克在俄国的革命，立刻被约翰·里德以卡莱尔的风格写入了《震撼世界的十天》（1919年）中，这场革命提供了一个全新的典范。它还被更直接的新媒体——电影——搬上了银幕。随后在德国和中国发生了更多的革命动荡，而在20世纪后半期，无数的其他国家也都经历了革命。在大众的想象中，列宁、斯大林这样的人物，已经取代罗伯斯庇尔或丹东，成为革命者的典范。即便是曾经独一无二的断头台恐怖，在犹太大屠杀的毒气室、古拉格有组织的暴行、柬埔寨的屠杀场景之前也已相形见绌。然而，在1917年，很多俄国人自认为，而且人们也普遍相信，他们是在重新开启1789年以后在法国进行的斗争。接下来的革命者，即使不那么自觉地奉法国人为先行者，也都在人民主权学说中寻求合法性，追根溯源，这一诉求是1789年被首次明确表述出来的。很多人，甚至那些声称鄙视尤其为共产主义所崇敬的革命传统的纳粹分子，他们用来庆祝自己权威的仪式和庆典，很容易让人想起1790至1794年首次在法国出现的那些精心安排的大型节庆。

科西嘉人的贡献

一个被法国大革命的洪流托举起来的人物一直广为人知，他就是拿破仑。他是历史上极少数全世界都知道其不带姓的名字及其相貌，尤其是戴着帽子的相貌的人之一。他的知名度主 9
要来自他作为一位将军而取得的显著功绩。但他的军旅生涯建立在大革命提供的机会之上，而且，当他在一系列的胜利后建立新体制时，他觉得这些体制的运转，理所当然地应依据1789年之后法国所阐发的原则。确实，关于他和革命的法兰西民族如何撕裂欧洲其他地区（大不列颠除外）的记忆，一直萦绕着19世纪。俄国人因为1812年入侵受到的精神创伤尤其严重，尽管是他们（至少是他们的气候）打败了拿破仑。半个世纪后，托尔斯泰将抵抗拿破仑的斗争作为《战争与和平》（1865—1869）的背景。小说中的人物，从沙皇亚历山大往下，都在同一时刻对这位科西嘉篡夺者及其象征的事物感到震惊和憎恶。不管怎样，他改变了所有这些人的生活。拿破仑时代欧洲大陆的所有的居民都可以这样说。甚至在拿破仑离世之后，很多人发现，他们的日常生活仍然受他引入的法律的规范。拿破仑在结束自己的戎马生涯后曾声称，他最持久的光荣不是那些胜利的战役，而是他的《民法典》。实际上，这部法典是大革命时期筹划的，拿破仑只是最终完成了它。但它的影响十分深远，而且不仅限于法国。关于财产持有、转移的一套简单、清晰和统一的原则，对于整个19世纪的德意志大部分地区、1946年之前的波兰和今天的比利时和卢森堡来说，仍然是民法的基础。它的影响仍然渗透于现今意大利、荷兰和德国的法律体系中。公制度量衡取得的成功甚

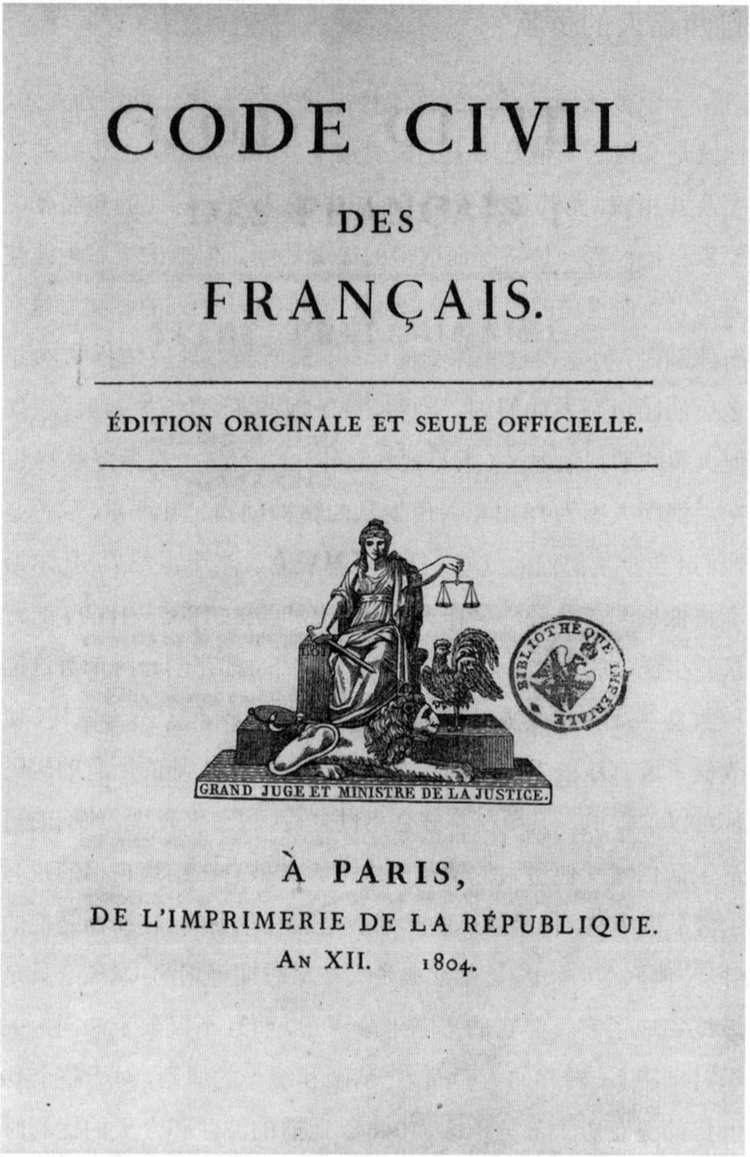

CODE CIVIL

DES

FRANÇAIS.

ÉDITION ORIGINALE ET SEULE OFFICIELLE.

LOI

GRAND JUGE ET MINISTRE DE LA JUSTICE.

BIBLIOTHÈQUE IMPÉRIALE

À PARIS,

DE L'IMPRIMERIE DE LA RÉPUBLIQUE.

AN XII. 1804.

图3　持久的遗产：《民法典》

至更为巨大。这套十进制的重量和长度标准于1790至1799年拟定，在拿破仑时代得到热心推广。即使在法国，它的垄断地位的确立也是缓慢的，但在随后的两个世纪，它传播到了世界上的大部分地区。在美国对其让步之后，它迟早将标志着法国大革命开启的诸多潮流和运动之中最彻底的胜利，成为这场革命留下的最完整、最清晰的鲜活遗产。

人权

“大革命是在实践伟大的事情！”《战争与和平》第一章中的皮埃尔·别祖霍夫高呼道。“‘……抢劫、谋杀和弑君’，……一个带着嘲讽口吻的人插嘴说，‘这些极端行径当然存在，但它们不是最重要的。重要的是人权，是摆脱偏见，是公民权。’”大革命当然是以此为开端的，1789年8月26日，国民议会颁布了一份根本性宣言以指导其工作，这就是《人权和公民权利宣言》（以下简称《人权宣言》）。这在世界历史上是全新的东西。英国1689年的《人权法案》宣告的仅仅是英国人的权利。美国的《权利法案》比法国人的要晚一年；法国人的宣言是一篇序言，确定的是宪法的基本原则，美国人的《权利法案》则是一系列的事后想法，是已然存在的宪法的修正案。1770年代，一些州曾在宪法中以《人权宣言》为开篇；尽管有这一先例，美国宪法的主要缔造者们并不觉得，一部拟定得当的宪法需要亚历山大·汉密尔顿——制宪会议上的纽约州代表——所称的“格言警句……这些东西出现在伦理学论文中要比出现在政府宪法中好得多”。

《人权宣言》是抵押给未来的人质：但这正是1789年的法国公民的意愿。既然“不懂、忽视或蔑视人权乃公共不幸和政府腐败

《人权和公民权利宣言》

法兰西国民议会

法兰西人民的代表，兹组成国民议会，鉴于不懂、忽视或蔑视人权乃公众不幸和政府腐败之唯一原因，故决定把自然的、不可侵犯的、不可让渡的权利阐明于庄严的宣言之中；本宣言应时刻为社会成员所记取，裨使其关注自己的权利和义务：立法机构之决议、政府之执行权，当其时刻可与政治制度之目标相比照时，应更受尊重：同样，今后公民之要求，若以简单和不可辩驳之原则为指导，应始终以宪法之维护和公共幸福为依归。

基于这些原因，国民议会在上帝面前并在其庇护之下确认并宣布下述人权与公民权利：

1. 人生来并且始终是自由的，且在权利方面是平等的。故民事方面的区分，只应基于公共利益。

2. 一切政治联合之目标，在于维持自然的、不可侵犯之
12 人权；此等权利包括自由、财产权、安全和抵抗压迫。

3. 本质而言，民族是一切主权之源泉；任何个人或任何团体，不得被赋予任何非明确源自民族之权力。

4. 政治自由在于可以做任何不损害他人之事的权力。每个人的自然权利之行使不得有任何限制，除非为保障每个他人自由行使相同之权利而必须设置的限制；此类限制只能通过法律来确定。

5. 法律所禁止者，仅为危害社会之行为。法律所不禁止

者，不应受妨碍；任何人不得被强求去做法律未要求之事。

6. 法律是公共意志的表达。所有公民均有权亲自或通过其代表去协助法律之形成。无论是保护还是惩罚，法律对所有人都应一致；法律中人人平等，故任何人都有被选举权，无论时间、地点和职业，所依据者为各自能力之别，除德行和才能之外，不得考虑其他分别。

7. 除按法律和法律规定之形式裁决的案件外，任何人不得被控告、逮捕或拘押。凡促动、唆使、执行或令人执行专断之命令者，应受惩罚；任何依法被传唤或扣押之公民，应立即服从，违抗者即违法。

8. 法律只应规定绝对的、显而易见的必需的刑罚；除非依据违法行为发生前颁布并合法运用的法律，不得惩罚任何人。

9. 任何人在宣告有罪之前，应推定为无罪；当必须进行人身扣留时，任何超出保障其人身安全之必需的严厉行径，均应视为违法。

10. 任何人均不得因其见解而受困扰，即使涉及宗教见解，只要其见解之表达不扰乱法律确定之公共秩序。

11. 思想和见解之不受约束的交流，是最珍贵的人权之一，任何公民均可自由地发表言论、写作和出版，只要他为法律确定的对此自由之滥用负责。

12. 公共强力为确保人权和公民权所必需，该强力为共同体之利益，而非为强力受托者的个人利益而设立。

13. 公共捐税为维持公共强力和政府其他开支所必需，

它应依据共同体成员之能力在他们之间平等分派。

14. 所有公民均有权，或由他自己或通过其代表，就确
14 定公共捐税之必要性、税款之拨付和总额、捐税之核定和期限，自由发表意见。

15. 每个社会均有权要求其任何代理人就他们的行为进行汇报。

16. 任何社会，若无分权、若权利尚无保障，应制定宪法。

17. 财产权神圣不可侵犯，任何人不得被剥夺该权利，除非在明显的、法律证实的有公共需求的情形下，且应以事先进行公正之补偿为条件。

——托马斯·潘恩从法文译为英文，收入其抨击柏克的著名檄文《论人权》(1791年)

之唯一原因”，则宣告“自然的、不可侵犯的、不可让渡的权利……时刻为社会成员所记取”，便可保证“其关注自己的权利和义务”。这一说法提供了一个准绳，所有公民都可依据它来评判政府行为。这里的人权，指的不仅仅是法国人的权利，尽管所有法国公民都应享有这些权利。自由、财产权、安全及反抗压迫；公民平等、法治、良心和言论自由；国民主权及政府对公民负责：所有这些都是被宣示的人权，从其内含的意义上说，它们在任何地方都适用。六年的时间里，法国人两次重写这份权利清单，先是扩展后是限制。拿破仑在其随后的数部宪法中抛弃了它。但是，后来每部宪法的制定者都觉得，无论纳入还是不纳入这样的宣言，都必须做出一个原则性的决定；而所有这样做的人，都在某种情

形下回溯到1789年的原初起点。1948年，当初生的联合国决定通过《世界人权宣言》时，其序言以及30个条款中的14条的主要内容，有时甚至是具体字句，都来源于1789年的宣言。还有两条来自更为雄心勃勃的1793年人权宣言，另一条来自更为低调的1795 16
年《权利和义务宣言》。《欧洲人权公约》则在1953年全盘接受了1789年的条款和语言。尽管法国直到1973年还拒绝批准该公约，但在1989年大革命二百周年之际，弗朗索瓦·密特朗总统还是下令应将大革命当作人权的革命来庆祝。

备受争议的遗产

这个愿望有些徒劳。英国人决心破坏法国人的派对，他们总是这样。英国王室拒绝出席一场弑君革命的任何庆祝活动。玛格丽特·撒切尔宣称，人权是英国的发明，并赠给密特朗一本装帧华丽的《双城记》。一位在美国工作的英国历史学家写了一本大部头的大革命编年史，书中论证说，大革命的真正本质在于暴力和屠杀（《公民》，作者西蒙·沙马）。在柏克、卡莱尔、狄更斯和奥希兹显然没有白白辛劳的地方，这部著作成了畅销书。不过即便在法国，庆祝活动也存在激烈争吵。《人权宣言》第一次发布时，离恐怖还有四年多，断头台甚至还没有被发明出来，但是在回首大革命时，很少有人能轻松地视之为一段单一的、连续性的故事，无论是好是坏。在左派看来，恐怖是一种残酷的必要，因为自由和人权的敌人决心将它们绞杀在襁褓中，恐怖不可避免。在右派看来，大革命从一开始就是残暴的，因为它旨在摧毁对于秩序和宗教的敬畏。有些人论证说，革命合乎逻辑的高潮不仅是恐怖，还有在叛乱的旺代省发生的种族灭绝式的屠杀。

与此同时，对于这场导致基督教蒙受历史上首次攻击的革命，很多天主教教士诅咒对它的任何庆祝活动，他们的用词两个世纪来鲜有变化。然而，密特朗很享受这样的庆祝。他以特有的恶
17 意评论说，大革命“依然为人恐惧，这恰恰使我更想庆祝它”。

一个世纪前，法国大革命的观念曾让布莱克奈尔夫人颤抖，一个世纪后，对于“那场不幸的运动”导致的结果，人们的看法依然存在深刻的分歧。每个人都认为他们了解大革命，很少有别的、已超出当代记忆范畴的历史事件还能引起此等狂热的赞美或憎恶。这是因为，我们今天诸多的制度、习惯、立场和惯性思维，仍然可以追溯到当初我们认为正确或错误的事物。更多关于历史事件的知识，并不必然改变人们的看法。不过，还是可以为判断提供一个更为可靠的基础，这总比漫无目的地堆积只言片语和简单印象要好，大多数人今天依然依靠这类东西来满
18 足他们对于这一现代史的十字路口的好奇心。

第二章

缘　起

我们很难讨论一件事情发生的缘由，除非我们已经对事情本身有了基本的认识。然而，几乎任何过分严格地给法国大革命定性的尝试，都会具有倾向性，而且会排斥大革命复杂性的诸多方面。不过，最为肯定的一点是，它不是个单一的事件。它是**一系列**的事态发展进程，而且延续了很多年，这让当时的大多数人深感困惑。大革命是一段持续的不稳定、混乱和冲突的岁月，它引发的震荡远远超出法国的疆界。它开始于1787至1789年之间。

财政困境

危机由国王路易十六避免破产的努力而触发。法国在18世纪打过三场世界规模的战争。在路易十四（1643—1715年在位）的骄傲、野心和成就的影响下，法国习惯于认为它是欧洲最强大的国家，但在那位伟大的国王死去之后三代人的时间里，这种自负先后受到了各新兴国家，包括俄罗斯、普鲁士，尤其是大不列颠的挑战。与英国人的竞争在地球的各大洋上展开。竞争

的关键是控制热带和东方奢侈品的产地和供应，当时欧洲对此
类产品的胃口越来越大，不知餍足。在印度的立足点、前往中国
19 的中继站、盛产皮毛的加拿大森林、可以生产糖和咖啡的热带岛
屿、开发这些岛屿所需的奴隶供应：为了取得这些珍贵的战利
品，英国人和法国人之间的斗争在整个1740至1750年代几乎不
曾中断。但是，法国还要去保卫其陆上疆界和传统的大陆利益，
在18世纪中叶的战争中，路易十五（1715—1774年在位）发现，
无论在陆上还是在海上，他的兵力都扩展得过分了。七年战争
（1756—1763）导致了灾难性的后果。虽然他与俄罗斯，甚至与
传统对手奥地利结盟，他的军队还是在崛起的普鲁士人面前遭
受了耻辱性的失败。在海上，英国人摧毁了法国在大西洋和地
中海的舰队，将法国人的势力赶出印度和北美，并且几乎扼杀了
法属加勒比殖民地的贸易。根据《巴黎和约》（1763年），法国在
欧洲没有获得任何利益，而且失去了加拿大和在印度的大部分
据点。这场彻底的大溃败不仅让法国颜面扫地，而且给这个王
国留下了巨额债务；这是一笔很难指望削减的债务，偿清就更难
了。应付债务的开支占税收收入的60%。然而，新的海军建设
很快又开始了；1770年代，当英属北美的殖民者宣布独立时，法
国觉得向海上暴君复仇的机会来了。摧毁不列颠帝国，进而获
取随之而来的商业利益，这一前景似乎足以让法国再努力一次。
1778年，路易十六参战，以保卫羽翼未丰的合众国。这一次，法
国取得了重大成功。虽然欧洲大陆仍保持着和平，但法国领导
了一个反对已陷于孤立的英国的同盟，后者冲破了英国人对大
西洋的控制，其时间之长足以让法军远渡美国。1781年，当英军
在约克敦投降时，胜利更像是法国人的，而非美国人的。

但是，1783年和约的签订并没有给法国带来领土方面的收获，而且独立后的美国人也没有任何抛弃与英国的传统贸易联系的迹象。另外，此前的战争费用主要靠新的贷款而不是大量增税来维持。因此从财政角度看，战争结束得一点也不早，而和平时期仍需继续大量借款。1786年，预期中税收收益的减少和 20
计划中的短期战争债务偿付，终于引发了财政危机。

法国并不缺少维系作为一个强国的资源。在此后一代人的时间里，法国人将比以前更为彻底地支配欧洲大陆。毋宁说，它的很多资源被其政府体制、社会组织和后来的革命者称为旧制度的文化抑制了。法国需要大革命来释放这些资源。

旧制度：政府

从政治上说，大革命之前的法国是个绝对君主制国家。国王不与任何人分享权力，他对权力的使用也不对任何人负责，除了上帝。国家事务，包括财政，都是他的私人领域；在所有事情上，他都是最高主宰，他的决定就是最终决定。另一方面，没有哪位国王是或者试图成为完全自由的行动者。即使是路易十四，也会在所有重大决策上听取建议，生来就要成为国王的男子（法国的法律禁止女王临朝执政）被悉心教导，听取建议是其至上权威的核心本质。路易十六心里也相信这一点；但跟他的祖父路易十五（他的父亲已在其继位之前死去）比起来，路易十六并非一成不变地听从多数大臣给他的建议。他特别认为自己懂得财政事务——这被证明是个致命的幻觉。

国王在挑选自己的顾问时并非无拘无束。虽然他能不加解释便解雇他们，但他的实际选择只能局限于职业化的行政官员、法官和廷臣，这些人唯有通过私下的密谋才能引起国王的注意，而密谋的策划者是别的大臣，或大臣圈子里的男女显贵们的熟识者，或是几百个富得足以在宫廷的珠光宝气中流连的家族的门客。路易十四在17世纪确定的礼仪成规鲜有变化，他的两
21 位继承人就这样被囚禁在成规中，不过日子倒也逍遥自得：他们在巴黎郊外的林中宫殿四周狩猎，这些宫殿如枫丹白露宫、贡比涅宫，当然还有凡尔赛宫——这个光彩夺目的权力殿堂被全欧洲的统治者争相仿制。即便他们到访首都，那也为时甚短。路易十四在凡尔赛宫确立王家生活风范，意在远离那个躁动不安的城市。在他年幼之时，巴黎人民曾在投石党暴动（1648—1653）期间挑战国王的权威。就巴黎人民而言，他们对宫廷仍然持猜疑和鄙视的态度。1789年时，很多巴黎人还记得，1770年，未来的路易十六与奥地利公主玛丽·安托瓦内特举行婚礼，首都为此举行的庆祝活动上发生踩踏事故，132人死亡，而凡尔赛宫的庆典仍若无其事地进行。作为与昔日死敌的时运不佳的联盟[①]的象征，这位轻佻的玛丽·安托瓦内特从未赢得过法国人的喜爱，即便她在1781年为路易十六生了个迟来的继承人。她的放肆做派成为街谈巷议的话题，哪怕流言（比如有人说她在1786年秘密购买了一条奢华的钻石项链）被否认，还是有人相信。路易十六跟他那位涂脂抹粉的年迈祖父不一样，他是个守身甚严的丈夫，从未有过情妇。但这将公众的目光更聚焦在他不得人心的妻子身上，使其更形醒目。

国王在全国范围内的绝对权威，很大程度上体现在一批全

① 这里指的是1756年“外交革命”中法国与昔日的宿敌哈布斯堡君主国缔结的联盟，这个联盟在随后的七年战争中惨败。——译注

权行政代理人身上，这些人便是督办（intendants）。路易十六的王国被分为36个财政区（generality），每个财政区派驻一位督办。国王认为他们是自己政府的展示样品，督办们高度的职业素养也不容置疑。但是，他们因为行事专断而日益不得人心，17世纪以来被他们侵夺了大量权威的机构，正无情地揭发他们的缺点和错误。例如，在一些幅员辽阔的省，征税仍然需要省三级会议的许可；省三级会议尽管很少由选举产生，也没有进行抵制的最终权力，但表面上的独立还是能让它以相对低廉的代 22
价为国王借钱。尤其是，督办们的征税和行政工作一直受到各法庭的阻碍，而大部分法庭既是司法机构，也有行政职能。司法系统的最高层是13个高等法院（Parlements），即高级或最高上诉法院；另外，所有重要的王家立法在执行之前均须在这些法院登记。在登记之前，各高等法院有权向国王呈交诤谏书（remontrances）以指出新法律的缺陷或不足。在18世纪，诤谏书不断被印制和出版，由此便将君主制政府的原则交由公众去辩论，而在这个国家，公开的政治讨论一直被视为任何臣民都不得染指的事情。到头来，国王虽然可以压制此类抗议，但这一举措需要经历的程序既费事又惹人注目，因为它要求君主或其代表亲自前往法院，以监督存在争议的政策的法律登记工作。这种程序虽然提升了国王的权威，但也加强了法官们的抗拒。

像旧制度的所有方面一样，法国司法制度的版图也没有统一性。一些高等法院的辖区只是些很小的飞地，另一些则是辽阔的省区。巴黎高等法院的辖区占整个王国的三分之一。但这些法院的1250名成员都是其职位的所有者，这是官职买卖造成的后果。从16世纪以来，国王就系统地出售公共职位，职位因世袭占有或自由支配而成为代价很低的借钱渠道。到18世纪，可买卖的官职大约有7万个，而且远远超出了司法领域；但是，这个体制中最具威望的核心是多达3200人的穿袍贵族，他们的司法职位给他们带来了贵族身份。要将他们免职必然意味着偿付其官职的价值，因此他们实际上不受挑战地占有官职的所有权。国王可以通过宣示权威来震慑法官们，但他没有钱购回法官们
23 的官职，因而不能罢免他们。因此，在整个18世纪，法官们能够不断提高批评的调门，不断为王权的宗教和财政政策设置障碍。只有在1771年，路易十五的大臣们觉得有可能偿付被取缔的官职，随后各高等法院被无情地改组和禁言，不受阻挠的改革机会被创造了出来，但当时的司法大臣莫普并无严肃认真的改革意图，因此错失良机。另一方面，由于各高等法院日益被视为无人代表的臣民的代言人，因此莫普对高等法院的攻击非常不得人心。为了在即位伊始赢得信任和民心，年轻的路易十六被说服免去了莫普的职务，并恢复了各高等法院。

短期来看，他的做法收到了成效。虽然某些外省高等法院依然倔强好斗，为当地督办设置的障碍也比以前更多，但在接下来十几年的大部分时间里，地位至关重要的巴黎高等法院表现得相当驯服。然而，这是以国王不去尝试任何激进措施为代价的。创新被视为危险的事，甚至大多数大臣也是这么看的。1776年，巴黎高等法院在驳斥用捐税取代强制性道路劳役时宣称：

> 任何在人道和善意的伪装下，试图确立人与人之间的义务平等、摧毁一个秩序井然的君主国所必须的区分和差

> 异的制度，都很快会导致混乱……结果就是推翻公民社会，而社会之和谐唯有靠权力、权威、声望和荣誉的等级区分方可维系，这一等级使每个人都各得其所，并使所有等级免受混淆之纷乱。这一社会秩序不仅是任何基础牢固的政府施政之根基，它还根源于神的律法。宇宙秩序中无限和不可更易的智慧确立了力量和品格的不平等分配，它必然导致社会秩序中人与人之间状况的不平等……这些制度并非偶然形成，亦非时间所能改变。废除它们，整个法国的体制便 24
> 会被推翻。

旧制度：社会

然而，如果臣民中由来已久的特权和不平等不作若干改变，法国国王看来很难维系在国际舞台上的骄傲。没有什么比特权和豁免权结构更能彰明地显现出，这个王国是何等缺乏统一性：特权与豁免权赋予每个机构、群体或地区以某种与他者颇为不同的法律地位。很多个世纪以来，这个王国就是靠逐步的、经常是偶然的征服，靠王朝的积累而构筑起来的；历代国王要赢得新臣民的服从，主要靠认可他们独特的制度，而不是强制推行自己喜欢的模式。自16世纪以来，这种混乱局面又因为出售特权和豁免权（通常但并非总是官职买卖的一部分）而更形复杂，这种出售也是一种迂回的借款方式。在较早的时候，这个做法比强制富人纳税更容易。不管怎样，社会中最有权势的集团已经提出颇具说服力的豁免权原理。教士是个庞大的团体，它从王国十分之一的土地上汲取收入，并以什一税的形式收取其他土地上十分之一的国民收入；但它并不支付直接税，理由是它以祈祷及向上帝恳求而服务社会。作为社会精英的贵族占有四分之一的土地，他们在很多其他土地上征收封建捐税，并通过带有贵族受封权的官职，不断将大部分最有钱的新兴富人吸收到贵族行列，但这个精英阶层也不愿支付直接税。他们的论据是，贵族通过战斗和保卫国家而以鲜血为王国服务。很多贵族的确（虽然仅仅作为军官）曾抽出佩剑以证明自己的身份，但更多的贵族从未这么做。然而，不管怎样，这些陈旧的论据不足以让贵族豁免
25 1695年及之后开征的新直接税。尽管如此，在大多数省份，贵族继续逃避着最古老的基本直接税——军役税（taille），更不消说强制性的道路劳役了。对于富裕平民而言，购买此类豁免权也很容易，即便他们还没有能力买到可受封为贵族的官职；而移居另一城市或省份也可获得实际的税收上的好处。换言之，税收的重负非常不成比例地落在了最没有纳税能力的人头上。富人都能在不同程度上逃避税收负担。国王最富有的臣民、他的堂兄弟奥尔良公爵吹嘘说，他想交多少税就交多少。

从实际水准来说，法国人的总体税负在整个18世纪有所下降。但是不管交了多少税，他们都以为自己税负过重。这也是高等法院的抵制为何如此深得人心的一个原因，虽然这些法官全都是贵族，除了自己他们谁都不代表。然而，他们毕竟认识到，某些紧急事态需要开征更高的税收来应付，而且他们默认了1749年对地产开征的二十分之一税。1756年，他们甚至同意该税翻倍，1760年又同意它增长至原税的三倍。但是，第三个二十分之一税在七年战争结束时到期了。与此同时，各种地区性和制度性的减免也已商定，尤其是与教士和保留三级会议的诸省的商定。税基一俟核定，高等法院便总是抵制修订税基，虽然当

时正处于一个持续的通货膨胀时期。1770年代后期，美国独立战争爆发，法国在没有开征任何重要新税的前提下维持了四年的战争，这更坐实了对税制改革必要性的怀疑立场。法国的这一业绩是由日内瓦银行家雅克·内克缔造的，他声称，管控廷臣和唯利是图的政府财税官并厉行节约便可达成这一难以置信的成就，而他提到的这两类人一直被认为将公共财产中饱私囊。不过，这种大张旗鼓的节俭，目的并非直接为战争提供资金，而是旨在增强法国在国际货币市场的信用以便维持借贷。1781年，内克首次公开发表有关王家财政的《报告》（*Compte rendu au roi*），以吹嘘他的成就。报告显示，国王的"正常"开支略有盈余。这正是公众想要听到的，但没有人注意到巨额的"非正 26
常"开支并未提及，这类开支靠以正常收支结余为信用而举借的债务来应付。从长期的后果来看，这损害了内克的继任者们任何改进王国税收收益的努力，特别是在战争结束之际。稍后的人们会质问，既然1781年情况还很好，后来的情况为何恶化？谁应为此负责？

内克入阁主要是充任一位信用顾问，而非担任大臣。实际上，作为一名出生于外国的新教徒，在一个新教信仰于1685年之后便不获许可的王国，内克从法律上说不能担任公职。但他很快就懂得，如果没有大臣职务所具有的接近国王的便利，他便不可能要求大臣们遵守财政纪律。他试图利用自己的人气迫使国王接纳他为最亲密的顾问，但遭到拒绝，随后他就辞职了。这是个前所未有的姿态：没有人可以向国王辞职。以前也没有哪位前大臣像内克那样，继续就财政问题发表评论，并与公众一起批评其继任者的政策。这位绝对君主制风习的门外汉已然理解的是，在政治和财政事务上，公共舆论——不管政府对此怎么理解——具有日益明显的重要性；没有公众的信任，就算是最专制的统治者也难以办成任何事——也许对这种人来说尤其难以办成。

公共舆论

显然，无数条路都已走入困境。比如，如果说这个君主国1720至1788年的财政史是一段避免破产的斗争史的话，那是因为先王们几乎司空见惯地使用的拒认债务的做法，已经不再被视为一种合法的选择了。1720年的重大财政灾难导致数千人破产，当时另一位外来新教徒——苏格兰的约翰·劳试图将累积
27 的债务吸纳为商业性的“王家银行”的资本，以此清除路易十四的战争留下的财政遗产。这次试验的失败还导致了对银行和纸币长期的不信任，虽然银行和纸币在英国和荷兰都已用来维持前所未有的反法战争。对随后的几代人而言，任何唤起此类痛苦记忆的措施，都会被广泛视为不可想象的事。

拒认自己的债务，或以不可靠的纸币而非响当当的铸币来偿还债务的国王，被认为是在拿臣民的财产不负责任地变戏法，此种行为乖张专断；然而，在法国的法律传统中，人们指望着王权遵守法律，按照建议施政，尊重上帝托付给王权并让其加以关照和保护的权利和特权。在18世纪，这些期望因为如下广为传播的信念而进一步强化：自然本身（正如艾萨克·牛顿揭示的）依据永恒不变的法则而非心血来潮的神意来运转，人类事务也应该尽可能地依据确定而规范的原则来指引，这种原则植根于理性之中，而在理性中，任意专断被削减到最小。任何

其他形式，只要是一个人独自行使统治权，都是专制主义。18世纪最有影响的政治作家孟德斯鸠曾教导他的同胞说，这是所有政府中最糟糕的政府，那里没有法律保护臣民免受统治者专断意志的侵害。因此，当1770年一系列无情的债务合并（consolidations）——很多人视之为部分破产——与莫普对高等法院的打击接踵而至时，专制主义看来已经展开进攻了。统治者与臣民之间传统的中间缓冲器被弃之不顾。尽管路易十六一继位就恢复了过去的高等法院，但对传统宪政结构的内在信心却再也不能完全复原了。

尽管公众认为，高额税收和破产均无必要，但唯有一个强大和自信到足以尝试这两项政策之中的一项的政府，才有可能实施其他得到广泛支持的政策。例如，司法机构被认为人浮于事，28
业务不足，程序缓慢，费用高昂，难以信任。在一个法官靠世袭和职位购买而非以合理的资格考核来招募的体制中，一系列刑事案件的处置失当暴露出这个体制的残暴和随意性。1670年代曾进行过法典编订工作，但无果而终；因此司法始终像个迷宫，靠数不清的地方和省区习惯法以及特权维系着，多个世纪以来，很多特权和法规被反复确认以换取钱款。改革这一体制而不对利益受损者进行补偿，会被广泛视为对公共信心的侵犯，是变相的破产；但人们根本无法指望筹到足够的钱来寻求别的解决方式。

更有头脑的观察家认为，有些办法可以成就某些不可能之事。如果经济生产效率有所改进，税收上的收益几乎可以自动产生。重农学派或经济学家们（他们是首先使用此名称的人）论证说，一切真正的财富都来自农业，如果自然法则能摆脱人为的束缚，则土地的产量会增长。这就意味着税制改革，即废除各种负担，如货币或实物形态的封建捐税及什一税。这还意味着商业自由化，即废除对价格和自由贸易，尤其是谷物贸易的管制。这些思想家认为，与农业比起来，工业和商业不那么重要，而且不是真正的财富生产者；但在这个领域，自然活动也被过度限制、行会强加的束缚和商业垄断所阻碍。18世纪中叶之后，各级行政官员愈发觉得这种改革思想有吸引力；但是，当开始实践这些思想时，他们碰到了没完没了的困难。如果引入单一税，政府甚至无法设想暂时性的收入损失，更不消说各个法庭、省三级会议和各种行会团体的反对了。封建捐税同样如此：这是一种财产权，若无赔偿便废除是不公正的。一本宣扬废除封
29 建捐税的书被巴黎高等法院于1776年下令当众焚毁。什一税也是这样，它是教区神职人员主要的收入来源。替代收入从何而来？同时，即使最微弱的工商业去管制化的暗示，也会受到商人、商事会和行会师傅们组织良好的压力集团的激烈反对。到1786年，只有与海外殖民地的贸易是完全自由和开放的，而十年前废除巴黎各行会垄断权的尝试，仅仅在几个月的混乱之后就失败了。实际上，对重农学派政策的力量感受最深的，是那些最弱势，以致没有抵抗力量的人，即国王最穷苦的臣民。他们领教了1760年代以来谷物贸易去管制化试验带来的冲击。改革的理念是让价格上升到“自然”水平。按这个学派的理论，高昂的价格会鼓励生产者增加生产，而最终的结果便是“丰盈”。但短期而言，较高的谷物价格意味着面包会更贵，特别是在收成不佳之时。最初一批去管制化试验发生在1763年和1775年之间，刚好碰上一系列的供应短缺；法官和地方当局从一开始就发出了

警告：如果价格飙升，市场供应短缺，公共秩序就会崩溃。当大臣与承包商缔结协定以保证紧急时刻的供应时，他们被指控以“饥饿契约”来饿死人民。1775年5月，就在路易十六加冕之前数周，人民的善意屡受打击，先是去管制政策，随后是对“面粉战争”（谷物骚乱）的镇压。尽管一直洞悉民心的内克对谷物贸易实施严格管控，但他的继任者们又想再试身手。1788年，粮食严重歉收，而前些年的自由出口使得王国的储备被掏空。在普通人的信念中，国王会防止他们被饿死，这种信念在经历经济政策试验的一代人之中被侵蚀，而试验的代价正是由他们来承担的。

这些不幸之人也不再指望能从教会中上帝的侍奉者那里得到多少安慰。报酬过低的教区神甫、在医院及济贫院中劳碌的无私的修女，依然能赢得充分的尊重，但教会财富分配的极大不公以及更富有的教产领有者维护其特权的坚定决心，却引起广 30
泛的憎恨。18世纪中叶，教阶制度因为对异议教士的狂热迫害而失去了很多民众的敬意。这些异议教士以詹森主义的名义质疑教会的权威，而詹森主义的一系列严厉信条被1713年教宗的“一圣通谕”（*Unigenitus*）谴责为异端。詹森主义者受到巴黎高等法院中的同情者的保护，1740至1750年代，一系列针对拒绝给临死的詹森主义者做临终圣礼的教士的诉讼，引发了对天主教教阶制度的广泛怒火。1757年，路易十五遭人行刺（但安然无恙）时，那位半疯癫的刺客看来是出于对受迫害的詹森主义朦胧的同情之心而行动。1760年代，詹森主义最古老、最顽固的敌人耶稣会士卷入高等法院受理的诉讼案时，詹森主义看来获得了胜利。法官们以这个案件为借口，将耶稣会士驱逐出自己的司法辖区。其他高等法院纷纷仿效，意见不统一的政府也默许了这一做法。三个世纪以来，耶稣会曾是大多数精英的教育者，将这个宗教团体从王国驱逐出去，造成了严重的教育混乱。随着106所耶稣会中学的关闭，某种类似于国民课程体系的东西瓦解了，一个教育辩论和试验的时代也随之开始。几乎与此同时，一个调查与合并没落中的修道院的委员会指出，教会内部更广泛的改革是有可能的。

诚然，受过教育的批判者们从1720年代就呼吁进行改革。当时，上个世纪的科学与人文成就已开始渗入功利主义的教育批评运动，这便是启蒙运动。对那些自封为“哲人”、旨在普及启蒙价值观的人来说，建制教会是社会中大多数邪恶的根源。尽管福音书的仁慈启示从未受到质疑，但人们认为，自古以来的教士将大量的迷信和非理性加在福音启示之上，他们通过对国
31 家的影响力、通过对教育体制的控制而做到这一点。他们乐于鼓吹暴行和不宽容，并且积累起不成比例的巨额财富，以维持不事生产的僧侣、挥霍无度的教务评议会及高级教士们游手好闲的生活。即便是教会提供的社会服务，如济贫和医院护理，得到的资助也极不合理，缺乏组织效率。含沙射影、嘲弄打趣的文字将此类指控渲染到极致，因为18世纪中叶教会内部的争吵为此提供了大量素材。教会的反应是实行比从前更为严厉、更为警惕的出版审查，同时试图通过内部改革（如针对过剩的修道院采取的行动）来修补自身的弱点。但是，两种措施都不能恢复人们对教会的信心，这个机构根本的惰性、僵硬和自足自满已经以各种方式、在社会各层次上疏远了人们的同情心。

某种意义上说，教会是自己成就的牺牲品。在过去的一个世纪中，法国的识字人群从占总人口的五分之一提高到将近三

分之一，在这方面，教会教师付出的努力无远弗届。更大的读者群催生了日益增长的对各类印刷品的需求。书籍产量激增，那些存在时间很短的作品，如畅销故事书、面向公众阅读的诉讼案情摘要、报纸等等，同样如此。到路易十六时代，巴黎已有一份日报，大部分外省城镇已有周报。的确，它们的大部分页面用来刊登广告，就算刊登新闻，亦无任何评论。但是，对于公共事务的严肃认真的关注，可以通过在国外法文出版社出版的日益繁多的著作得到满足；在当时，如果加入正在迅猛发展的某个文学会或读书协会，便可以摊薄定期阅读的费用，这些协会的图书室订购了所有重要的定期出版物。印刷品需求不断增长的另一个迹象是，政府审查人员的数量在增长，所有面向公众的重要出版物都须交由他们审查；还有，海关官员需要花费越来越多的时间和精力去阻止颠覆性的色情作品、渎神著作——日益被称为“哲学”文本——的非法进口。18世纪中叶，大臣们对阻止这股洪流感到绝望了，此后他们对大部分非法行径睁一眼闭一眼。到 32
路易十六时期，政府加倍监控读书群体所能得到的读物。但市场的力量太强大了，不久人们开始尝试对被报道和探讨的作品施加影响，正如当初防止它们出版一样。路易十四可以告诉他的臣民该怎么做、怎么想，但在路易十六时期，臣民需要的显然是说服。

在海峡对岸，国王和臣民积极合作的好处，很早之前就已显露出来。1720年代以来，孟德斯鸠、伏尔泰等作家就曾赞赏英国的自由、宽容和议会制政府等具有能动性的自由。英国在18世纪中叶的历次战争中的成功表明，它的制度出人意料地高效，尽管仍然有人怀疑存在危险的不稳定性。当大不列颠的殖民地掀起叛乱时，它的光彩有所暗淡，对英国的迷恋也因为对所有美洲事务的热情而有所降低。但英美争吵的核心是自由和政治代表制问题；当路易十六与宣称“无代表不纳税”的共和主义反叛者结盟时，他自己的臣民很难不作这样的反思：这个原则为什么不能适用于法国？在某些有三级会议的省，这个原则当然是存在的；但这就使得别的地方的情况显得更加反常。随着税收压力的增长，1760年代某些法官就开始呼吁恢复被遗弃的三级会议。1771年，莫普打压各高等法院时，有些人更进一步，要求召集最接近于英国议会的法国机构，即中世纪的三级会议，它最后一次召开是在1614年。其他人眼见绝对君主制那些令人舒适的模棱之处如今已显得很无力，便开始思考和设计更为合理的代议制机构，他们显然是要将纳税人纳入管理机构。大臣们并不必然反对这个可能排挤高等法院及其影响力的原则。内克甚至开始了一个旨在引入“省管理机构”的计划，任命当地地主组成议会，分享督办的职权。在他辞职之前，这样的议会仅设立了两个，不过它们并未随内克下台而消失。在路易十六时期，君主制
33 正在变得不那么绝对了，这个过程虽然缓慢、犹疑、带着众多疑虑，但君主制已经意识到，舍此只有制度上的瘫痪。国王和他的大臣们已经日益意识到，法国必须靠有效的共识，靠王权之下最杰出、最有教养的臣民的合作来统治。

“预革命”

因此，1787年的危机不只是财政方面的。1783年为回复到和平时期的状态而被任命为财政大臣的卡隆，开始大手大脚地花钱，以期赢得持久之信心。由此造成了新的借款，后果只是适

得其反。当举借新债的尝试碰到巴黎高等法院日益强烈的抵制时，卡隆转而考虑更为激进的措施。1786年8月20日，他向国王提交了一份详尽的改革计划，后被廷臣、主教塔列朗称为“或多或少是这些年来所有最杰出的思想得来的成果”。国王在对该计划思忖再三之后，以真诚的热情接受了它。

计划包括三个方面。首先是税制改革：一种以新的形式征收的、统一的、无豁免权的实物形态的土地税。该税及其他一些次要的新措施，将在全国范围内由大的地产主选举的各省议会负责监督。代表制政府将被推广普及，但不设立全国性议会。其次，改革带来的税款收益，将因为一个符合重农学派方针的经济刺激计划而得以提振：如废除国内关税壁垒，废除强制性道路劳役，废除对谷物贸易的管制。1786年，与英国的一份商业条约已经为英国工厂主打开了法国市场，以换取农产品。然而，这些措施中没有一项能指望带来立竿见影的效果。在改革产生效果之前，需要更多的贷款。因此还需要一项新的重大提振举措来 34
鼓舞借款人。为实现这一目标，卡隆希望他的计划能得到与会成员经严格遴选的缙绅会议的认可，如他所言，缙绅是所谓“有身份地位之人，公众信任之人，他们的赞同可以强有力地影响公众舆论”。他曾考虑召集三级会议，但认为三级会议可能难以控制，转而任命144名亲王、高级教士、贵族和法官，随后他才于1787年2月向这些缙绅代表提出他的计划。

这是一场政治灾难。没有几个缙绅接受卡隆关于国家面临的危机的看法。即使那些倾向于接受卡隆的看法的人，也认为卡隆应对国家的危机负责，因此他不是解决危机的恰当人选。卡隆试图越过批评者，向更为广泛的公众群体求助，他将这些批评者描绘成一己私利的捍卫者；但他的尝试事与愿违，国王被迫将卡隆解职。利用缙绅会议上台的大主教布里安，随后提交了一份卡隆计划的修改版。缙绅们则提议设立一个常设委员会以审查国王的账目，路易十六拒绝了，但此时事态已陷入僵局。实际上，到这个时候，越来越多的与会代表宣称，他们无权批准任何改革。他们表示，这一权限只能归三级会议。

与缙绅们打交道的经历只能让会议显得比此前更加危险、更不可预测，5月25日，会议被解散。于是，人们又试图通过各高等法院来推动改革，但后者声称它们也无此权限。当群众涌上街头为三级会议欢呼时，巴黎的法官们被流放了。这场危机的重要性因为荷兰共和国的事态而更形明显：9月中，普鲁士入侵并占领了荷兰。路易十六曾威胁，如果荷兰领土被侵犯，将进行干涉；但是，由于过去开征的税收快要到期，新税又未获批准，布里安劝告国王，称干涉的代价承受不起。这是波旁君主国作
35 为一个军事强国地位的终结；这等于承认，即使国际抱负离自己的边界近在咫尺，它也无力为这一抱负埋单了。

一年之内，它的国内政治权威也蒸发了。启动一场与巴黎高等法院协力进行的改革——这个方案终于在充满质疑的谴责声中失败了，而且各高等法院拒绝处理案件达六个月之久。1788年5月，一场莫普式的尝试企图重组高等法院，并削减它们的权力。为赢得公众的支持，同时宣布的还有一系列广泛的法律和制度改革，但这些改革在横扫全国的公众咆哮声中被淹没了。即便是承诺一俟这些改革付诸实施便召集三级会议，赢得的也只是公众的蔑视。到8月初，当王权经常性的短期借款方拒绝继续借款时，布里安政府的命运便注定了。8月16日，国库暂

停支付。这场破产曾是30年来的历届政府竭力避免的。布里安辞职了，他建议召回内克。当那位日内瓦的神话制造者凯旋并复职后，他所做的第一件事就是宣布三级会议将于1789年召开。

全国性代表大会的召集意味着绝对君主制的终结。君主制最终因为制度和文化上的瘫痪而走向覆灭。各种改革方案也随之而去。没有人知道三级会议会采取什么行动，甚至连它的组成和选举也不清楚。于是出现了一个完全的政治真空。法国大革命就是填满这个真空的进程。 36

第三章

历　程

就在君主制权威陷入破产之前的一个月，一场大范围的冰雹席卷了法国北部，摧毁了大部分快要成熟的庄稼。由于卡隆于1787年批准谷物可自由出口，原有的库存已经很少，因此1789年收割季前几个月的气候，势必造成严重的经济困难。面包价格将会上涨，消费者将把更多的收入用在食品上，对其他商品的需求会随之下降。由于1786年商业条约的影响，制造业在廉价的英国商品的竞争冲击下已陷入衰退；就在面包价格飙升时，失业也开始蔓延。一场罕见的严冬更让困难局面雪上加霜：河流封冻，磨坊停转，大宗运输无法进行；河流终于解冻时，洪水又到处泛滥。因此，即将到来的政治风暴将会发生于一场经济危机的背景下，而且会受到后者的深刻影响。

选举政治

内克复职后，迅速恢复对谷物贸易的管控。但为时太晚，此举只不过让他惊人的人气更加高涨。他需要这种人气来处理其他难题。最紧迫的难题是三级会议应采取何种形式。布里安最后的举措中，有一项是宣布国王对这个问题还没有确定的看法。37 对于巴黎高等法院，这似乎暗示着一种事先操纵这次大会的意愿。为预防这样的情况出现，法官们于9月25日宣布，三级会议应按最后一次召集时，即1614年时的形式组成。眼光敏锐的观察者立即意识到，这是一个试图延长制度性瘫痪的方案，而这一瘫痪症已经导致绝对君主制的瓦解。1614年的三级会议上，三个等级分厅议事，分别代表教士、贵族，以及第三等级——所有其他人。代表们按等级表决，因此任何两个等级都可以在表决投票上超过第三方。由于教育、财富和产权在整个18世纪的发展，这样的权力分配和代表制度不再能反映现实状况；一个主要由贵族组成的巴黎思想群体开始成立所谓“三十人委员会”，试图在公共舆论中掀起反对浪潮。这些人的小册子在全国广泛传播，当再次召集的缙绅会议拒绝内克的催促，并支持1614年的会议形式时，他们的努力更是平添了力量。缙绅们的谨慎看起来——或有人使其看起来——是旧的“特权等级”为掌握权力而企图损害国家的绝大多数人。自1787年初的危机以来，社会对抗的政治第一次开始主导公众辩论。那个冬天最著名的小册子出自叛逆教士西耶斯之手，标题便在追问“什么是第三等级？”“是一切。到此刻它在公共秩序中处于什么地位？什么也不是。它想要什么？某种地位。”西耶斯争辩说，任何要求某种特权的人，都应因为这一事实而把自己排除出民族共同体。特权就是赘疣。

到12月，反对1614年形式的呼声已经被广泛认可，以至于内克觉得有了胆量去采取行动。他颁布命令说，鉴于第三等级

在国民中的比重，它的代表人数应翻倍。但是，如果还是按等级而非按人头表决，这显然没有什么意义。不过内克相信，一旦
38 三级会议召开，教士和贵族可能被劝导放弃自己的特权。他指望的是，第三等级代表翻倍是个不彻底的措施，对该措施的普遍不满会支配1789年春的选举，届时抵制各等级的联合将变得几乎不可想象。按人头表决的确成为选举大会关心的中心内容之一；但这些大会也是分裂的，每个等级选举自己的代表，其后果是使得事态进一步两极分化。情绪激昂的群众支持第三等级的要求，面对这种情形，教士和贵族选举人开始把自己的特权视为其身份的根本保障；于是，他们选举的人大部分是坚定的不妥协者。从各方面看，在起草用以指导当选代表的陈情书（*cahiers*，一种申诉清单，也是1614年形式的一部分）的过程中，观念进一步明确化了。此刻出现的问题不仅是三级会议如何组成，还涉及它需要处理的议题。起草陈情书相当于现代的第一次民意测验，申诉和意愿范围之广让人瞠目结舌。几个月前还只是梦想的东西，陡然之间有了实现的可能；陈情书的基调清楚地表明，很多选举者的确希望这些梦想能通过三级会议兑现。

民族主权

但是，当三级会议于5月5日在凡尔赛宫召开时，人们深感失望。会议一开始，内克作了一个令人厌烦的报告，而且，第三等级的代表一开始就清楚表态，说他们不会作为一个单独的等级商议任何事务。他们呼吁贵族和教士与他们一起议事，但没有得到回应。虽然有少数贵族同意共同议事和表决，但即使是他们也拒绝突破等级区分。僵局持续了六周，在此期间，面包价

格一路上涨，很多地区的公共秩序开始崩溃，春天曾到处洋溢的希望开始转向失望。终于，在6月10日，西耶斯提议第三等级“断绝联系”并开始单方面议事。表决结果为压倒性的赞成，随 39
后他们邀请另两个等级一起进行资格审查，三天之后，少数教区神甫打破特权等级的团结，答应了这个邀请。随后几天，其他教士陆续加入，于是，这个不再仅仅代表第三等级的团体认为，现在需要一个新名称。在西耶斯的再次动议下，6月17日，这个团体选择了一个响亮而坚定的名称：国民议会。它随即颁布法令，取消一切税收，然后对其重新批准。个中意味显而易见：议会以整个法国的名义掌握了主权。

这是法国大革命的奠基性行动。如果国民是主权者，那么国王就不再享有最高权威。路易十六因数天前长子早夭而深受打击，此刻他一扫忧伤，宣布将召开御前会议，以发布自己的纲领。为此，自封的国民议会常用的会场被封锁，但这个可疑的议会于6月20日在一个室内网球场集会，举行了一场群情激昂的宣誓，声称在赋予法国一部宪法之前决不解散。议员们的意志在三天之后面临首次考验：国王在做出一些让步之后，否决6月10日到17日之间的所有要求，下令各等级分厅议事。议员们拒绝了；但内克辞职的消息让国王一时慌乱，于是他未对议会采取行动。到这个时候，每天都有一些躁动的群众从巴黎涌向凡尔赛宫。由于意识到不能再指望国王的支持，主张等级分离的贵族和教士发现他们的内部团结正在走向瓦解。很快他们便大批加入国民议会，6月27日，国王正式命令最后一批强硬派也应加入。内克收回了辞呈。王权看来彻底投降了。

6月26日，内阁命令一些部队向凡尔赛集结，内克对此并不 40

图4　1789年6月20日：网球场宣誓。国民议会发誓，在赋予法国一部宪法之前决不解散

知情，可能一开始国王也不知道。随后几周，更多的部队接到了命令，到7月初，深感不安的议会要求国王撤走军队。国王回答说，为保障公共秩序，必须部署军队——这个理由看来足够充分；但是，当7月12日内克被解职时，更为凶险的猜疑出现了。两万名士兵现在就驻扎在法兰西岛四周，看来已经摆好阵势以震慑首都——一旦需要采取行动压制议会的话。在听到内克被解职的消息后，巴黎炸开了锅，人们既害怕又愤怒。德意志雇佣兵企图驱散群众的行动使事态更加恶化，法兰西卫队常驻巴黎的守军开始逃离部队。很快，成群饥饿的叛乱者抢劫城里的军事据点，夺取武器、弹药及储存的面粉。7月14日，他们向庞大的巴士底国家监狱聚集，这座监狱上的枪炮控制着巴黎城的整个东部边缘。在逃兵的帮助下，人们向监狱发起进攻并迫使它投降，进攻开始时向群众开火的指挥官被杀。巴黎落入了叛乱者之手。巴黎周围的军队的确足以镇压这场反叛，但指挥官们跟国王说，他们也许不会服从开火的命令。在这种局面下，国王无能为力，于是下令撤军。一场反革命就这样被击败了。国民议会得到了拯救。

最初的改革

因此，7月14日不是法国大革命的开端，而是把开端终结了。打开阴暗神秘的巴士底狱，也没有解放预料中受专制主义迫害的大批人民。里面只有七个囚犯。但这座中世纪堡垒是王权的象征，一开始就自发摧毁它，也象征着一个声誉扫地的旧秩序的终结。6月17日以来的一个月中曾支持国王反击行动的人，如今也承认当前的局势：国王的兄弟阿图瓦及其最亲密的

图5　1789年7月14日：攻占巴士底狱

宫廷朋友立刻离开了这个国家，成了第一批流亡贵族。国王前往巴黎后，接受了三色革命帽徽，后者来自匆忙组建的民兵（不久被称为国民自卫军）；国王还认可了自行任命的市政机构，国 42
民议会也终于着手进行在网球场宣誓承担的制宪工作。选民们春天确立的强制委托权被废除，作为宪法序言的《人权宣言》也开始起草。但就在此刻，巴黎和某些外省城市的骚乱已传播到农村；在新的收割季到来之前数周，农村地区发生了一场“大恐慌”，“盗匪”横行乡间，毁坏庄稼，抢劫无助的农民社区。在普遍的妄想狂的气氛中，对领主房屋和封建权威象征物的攻击随处可见：正如陈情书显示的那样，农民认为这类象征物是他们所有负担中最不合理的东西。议会中的有产者，不管是不是封建权利的所有者，着实对农村出现的大混乱感到惊恐。为挽救动荡的局面，一个激进团体计划采取激烈措施，即废除封建捐税。8月4日夜，一个大贵族提出了这一计划，立刻在议会赢得了热情的赞许，该机构在成立三个月来的大部分时间里，一直颇不耐烦地避免采取积极行动。不久，一些非封建权益也被提议废除。各种特权，旧制度社会组织的命脉，已经在长篇大论中被废弃了。官职买卖制同样如此，很多特权就是从这种制度衍生而来的。人们还宣告了免费司法和税收平等。教会被剥夺什一税，这是教区神甫最基本的收入。会议末了，当议会宣布国王是“法国自由的恢复者”时，法国社会生活的诸多组织已注定要在整个大革命中最激进的几个小时之内被摧毁。

正如现场的几个人注意到的，那晚的气氛中有某种魔力——这魔力起了作用。农村的骚乱逐渐平息了。议会（现在叫国民制宪议会）得以继续其宪法制定工作。《人权宣言》最终于8月26日颁布，接下来的几周，该宣言奠定了立宪君主制的几个首要原则，排除了立法机构的两院制，并授予国王对新法律的有限否决权。然而，国王似乎并不打算立即接受这一限制，或者接受8月发布的所有重大举措。7月出现的各种猜疑，现在又开始在巴黎发酵，那里的民众显然把自己视作大革命的拯救者和守护人。10月初，凡尔赛宫传来新的军队部署的消息，报道者是巴黎的一份报刊，此时出版已经自由，报纸持续激增；于是恐慌蔓延开来，人们以为国王又要尝试夏天没有成功的企图。数以千计的妇女不顾国民自卫军的约束，向凡尔赛宫进军以对国王施加压力。她们侵入凡尔赛宫的议会大厅，闯入宫殿，威胁到王后的生命安全。最后她们大声要求，唯一能让她们满意的做法，是王室跟她们一起去巴黎。国王马上发现自己没有别的选择，10月6日，他随着凯旋的妇女们一起回到首都。几天后，议会也迁往巴黎。

局势的极化：宗教

现在，路易十六成了巴黎的囚徒，直到1792年8月君主制被推翻，他将一直如此——除了1791年6月那次倒霉的外逃。然而，议会的处境同样如此。议员们知道，他们之所以能幸存，很可能要归功于巴黎的群众行动，但是，他们大多数人对这种亏欠深感不安。他们颁布针对骚乱的戒严法、将宪法赋予的政治权利限定在殷实的纳税人范围之内，这些都反映出这种不安。他们的目标是建立一种立宪君主制，它应受到从富裕的有产者中选举的代表们的监控。他们对财产权的坚定信念，同样反映在
45 他们拒绝废除绝对君主制遗留的债务上；事实上，他们还大大加

重了这一负担，因为他们承诺补偿所有会因他们的改革而消失的财产，包括补偿可买卖的官职的任职者。很快他们就发现，这些承诺不可能通过税收得到满足。实际上，由于没有有效的强制手段，税收收入正出现灾难性的锐减状况。他们的解决方案是，牺牲教会以满足国家的债权人。

由于在8月4日废除了什一税，议会已经承担起教会改革的责任。为教区神职人员寻找替代收入，在其承担的新责任中并非最微不足道。但是，教会仍广有田产和捐赠，8月4日已有个别人提出，这些产业合法的所有者应该是国家。11月2日的决议规定这些产业"由国家支配"。它们将被出售，以支持国家债券的发行，这种债券被称为"指券"（*assignats*），其他公共债务也将以指券来偿还。对很多教士及虔诚的信众而言，此举像是对天主教更为广泛的攻击的一个组成部分。议会一边高声援引在整个18世纪大力抨击教会的哲人们，一边宣告新教徒享有平等的公民权，并禁止修道誓愿。1790年4月，有人曾敦促议会宣布天主教为国教，但被拒绝；到这个时候，在南方的尼姆附近，天主教徒和新教徒之间爆发了冲突。最后，鉴于国家要以公共资金来向教会付钱，议会决定重组教会，重组的原则就是正在整个国家施行的宽泛原则。于是，1790年7月颁布的《教士公民组织法》规定，教士和主教由世俗人士选举产生，教会辖区边界被国家化，教宗的角色纯粹是荣誉性的：作为一个外在的统治者，任何此类原则都没有与他商量。教士们自己也未参与商讨，结果很多人不知道，这一激烈的改组对整个教会而言是否能够接受。议会认为，这些人的犹疑是在蓄意阻挠国家的意志，于是便在11 46
月要求全体教士进行忠诚宣誓。拒绝宣誓的"抗拒派"将没有资格参选新制度下的圣职。

人们希望此举能够平息事态，但实际上，只有大约一半的教士服从了。当教宗于1791年春公开谴责《教士公民组织法》后，很多教士又收回了宣誓。这是大革命第一次，也是最深刻、最持久的局势极化的开始。随着革命的“爱国派”动员起来以推动忠诚宣誓，头年冬天开始建立的政治性的“雅各宾”俱乐部急剧增加，而反革命者则很快将他们的事业与受威胁的基督教联系在了一起。接受宣誓过的“组织法派”教士的圣礼，成为忠诚于整个革命的试金石。任何真诚的天主教徒，包括国王都无法回避这个决定。

局势的极化：君主制

回到巴黎后，路易十六很不情愿地接受了制宪议会的所有改革措施，但他偶尔还表露出某种热情。他甚至批准了有关教会的立法，尽管他自己知道教宗很不满意。但是，到1791年春，一个显而易见的情形是，他总是回避组织法派教士举行的圣礼。威胁性的示威游行开始在杜伊勒里宫周围出现，因为巴黎一边倒地支持忠诚宣誓。民众之中再度出现的敌意使得王室决心逃离。6月20日夜里，王室悄悄溜出巴黎，向东部边界进发。国王很不谨慎地留下了一封公开信，信中谴责了大革命的很多做法。但这些逃跑者在瓦雷讷被截住，颜面扫地地回到了巴黎。

瓦雷讷逃亡揭开了大革命的第二次大分裂。1789年几乎
47 还谈不上共和主义，而且，当国王回到巴黎、接受议会呈送给他的一切时，共和主义就更是微弱了。但是，在瓦雷讷逃亡之后，国王长期而明显的暧昧立场造成的不信任，终于爆发了出来，首

图6　手执三色旗、身着制服的国民自卫军

都民众和众多激进政论者纷纷要求罢黜国王。大部分议员吓坏了，赶忙放出一个明显的官方谎言：作为他们宪政之基石的国王是被人拐走的。当巴黎的雅各宾俱乐部与共和诉求调情时，大部分议员退出该俱乐部，组建了一个更为温和的“斐扬”俱乐部；这时，群众在城市西面的大型军事检阅场——马尔斯广场——聚集，以签署共和请愿书，但国民自卫军向他们开火。议会决定立即完成制宪工作，并打算让宪法更易为国王接受，以便能开始正常的政治生活。议会匆匆修改了宪法草案，删除了宗教问题的条款并限制出版自由和政治俱乐部，然后将草案呈送给国王；国王公开接受之后，其地位得以正式恢复。9月的最后一天，制宪议会结束，其成员在形式上失去了在即将掌权的立法议会中的席位。

立法议会在国际危机的气氛中召开。1787年以后，瓦雷讷逃亡使得法国的事务首次成为各大国关注的问题，而不是被当作令人鄙夷的笑柄。1790年5月，制宪议会明确宣布，放弃将战争作为政策工具，除非进行自卫。但是，当那位决心将自己的困境变成国际事件的国王被耻辱地抓回来时，其他的君主深感不安。在1791年8月27日的《皮尔尼茨宣言》中，皇帝和普鲁士国王受路易十六的两位外逃兄弟——阿图瓦伯爵和普罗旺斯伯爵——之邀，威胁将进行武装干涉。瓦雷讷逃亡之后，数以千计的军官加入流亡贵族队伍，他们正成群结队地跨越边界，梦想带
49 着外国军队一起返回。国王和王后也抱有这些梦想，但新当选的议员们视之为一种挑衅。在整个秋天和冬天，他们对接纳流亡贵族的德意志小王公和其背后的哈布斯堡皇帝，言语越来越激烈好战。他们还试图促使路易十六采取妥协立场，为此通过

了强化制裁抗拒派教士和流亡贵族的法令，他们知道国王可能不会批准这些法令。加勒比奴隶大暴动的消息传来后，再加上随之而至的咖啡和糖的短缺，到处弥漫的偏执和狂热进一步升温。尽管罗伯斯庇尔等雅各宾派表达出某种担忧，即虚弱的部队无法击退组织良好的奥地利和普鲁士军队，但这个国家的大多数人已经因战争狂热失去了理智。国王跟罗伯斯庇尔的看法相同，但他从战争中看到了解救自己的希望，于是很乐于在1792年4月20日向皇帝宣战。

局势的极化：战争

战争是第三个导致大革命走向极化的重要事件。正像预期的那样，它迫使每个人都必须在其余所有问题上采取明确立场。革命的成败与民族的存亡合二为一，于是，对1789年以来的任何成果的批评，都可以貌似有理地被谴责为叛国。最易受到控诉的人就是国王本人，因为对于针对抗拒派教士和流亡贵族的法律，他一直坚持握有否决权，即使6月20日巴黎人围攻他的宫殿后还是如此——这些暴动者自称无套裤汉。毫无疑问，前线传来的灾难性消息增强了国王的决心：普鲁士已经参战并准备入侵法国领土。甚至法国的将领们也要求进行和谈。但这一要求无异于叛国，议会决定以国民自卫军志愿军（*féderés*）增强正规军。当志愿军抵达巴黎时，来自马赛的志愿军唱起了一首嗜血的新战歌，这首歌后来就永远以他们的故乡命名；而此刻普鲁士的指挥官已发出威胁，如果国王受到伤害，将摧毁巴黎。这就坐实了路易十六通敌的看法，8月10日，巴黎叛乱社区的无套裤汉及志愿军进攻王宫。国王逃到议会去躲避，而他的瑞士禁卫军 50

在保卫他空荡荡的宫殿时遭受屠杀；他的王位已经无法挽回了。议会表决暂停君主制，并召集一个由男性选举产生的新立法机关——国民公会，以便为这个国家起草一部共和宪法。

推翻君主制的全面影响和意义，要等到年底之时才变得清晰起来。在这期间，普鲁士人进入法国，巴黎陷入恐慌。一个由巴黎煽动家丹东主持的临时执行委员会，以高昂的情绪组织防御，为此实行了一系列严厉的紧急措施，监狱里塞满了嫌疑犯。当爱国的无套裤汉也被催促参与这些活动时，焦虑之情传播开来，人们担心监狱如果没有他们看守就会发生越狱。9月2日，当普鲁士人占领凡尔登的消息传来时，人们闯入监狱，将囚犯揪出并大肆屠杀。屠杀持续了四天，造成约1400人死亡，其中很多人是抗拒派教士。狂热的民粹主义政论家马拉敦促外省效仿首都的榜样，但大屠杀的消息让国内外舆论倍感震骇。这比1789年偶然的私刑暴力要严重得多，从此人们得到了一个冷酷的教训：若不对下层人加以控制究竟会发生什么。大革命的敌人总是预言会发生血腥的混乱局面，但即使是希望发生此类事件的人，大多也觉得很难为屠杀寻找理由。此后，巴黎的每个人都生活在恐惧中，生怕大屠杀会再次发生。

然而，数周之后，危机似乎过去了。在国民公会取代立法议会的前一天，一支法军在瓦尔密与普鲁士入侵者对垒并击败了后者（9月20日）。这是六个月辉煌的军事胜利的开端，在随后的六个月里，奥属尼德兰和莱茵河左岸将被法军征服。到11月，
51 法国人被胜利带来的表面的安宁所陶醉，他们向“所有希望恢复自由的民族”表达其“友爱并提供帮助”，在其进军的道路上提出“向城堡开战，对茅屋和平”的口号。他们许诺说，所到之

地都将实行革命的社会政策，这一过程的代价将由教会和贵族来承担。记者议员布里索1791年10月以来一直是主战派的主要代表，此刻他宣告："我们不能平静，除非欧洲，全欧洲，都成为一片火海。"这一挑战因为路易十六的命运而更形复杂。国民公会的第一项法律是宣布废除君主制。后来它将新共和历的起始日期追溯到这一刻，称之为共和元年。这就留下了一个如何处理"路易·卡佩"或"最后的路易"的难题。有人认为他应该因其反民族罪行而受到审判，另一些人则说，民众推翻他已经是对他的审判和有罪宣判。但在国民公会前受审最终还是通过了，对国王的起诉涵盖他1789年以来的全部作为。尽管辩护者否认了所有指控，但12月间不到两天的诉讼就已确定无疑地决定了判决书。唯一有争议的事项，最后也一次投票通过：处决他。还有一些未获通过的提议，如将审判结果付诸全民公决，或者宽大处理。但多数议员知道，时刻在监视着的无套裤汉很可能对以上两个提议都不会同意；于是，1793年1月21日，前国王被公开处死。丹东在国民公会兴奋地说："你们已经扔掉了你们的长手套，长手套就是国王的头颅！"

内战和恐怖

但挑战很快到来。处决国王几天之后，英国和荷兰共和国与法兰西共和国的敌人联手，不久西班牙和几个意大利国家也步其后尘。当国民公会决定征召30万名新兵以扩充武装力量时，抵制行动席卷了法国西部各地，在这些地方，对抗拒派教士的迫害本已激起民变。在卢瓦尔河以南的旺代地区，内战很快爆发， 52
自行组织起来的叛乱者自称"天主教和王党军"，以图恢复殉难

图7　1793年1月21日：处决路易十六。留意图右空荡荡的基座，那里曾立着他祖父的雕像

国王的继承人的王位。就在此刻，同共和国外敌的战争形势开始恶化。法国军队被赶出莱茵地区和比利时，前线法军将领叛国投敌。危机使得国民公会内部的政治分裂更加严重。主张进行无限制战争的一派，以布里索和一批来自波尔多的议员为首，被罗伯斯庇尔称为“吉伦特派”；这个派别认为，法国可以而且应该进行这场战争，且不损害在国内实行的独特的代议制原则。正是他们要求就有关国王的判决举行全民投票。另外，9月的屠杀之后，吉伦特派厉声谴责说，沾满血污的巴黎民众威胁国民公会的会议。这些立场导致他们被逐出雅各宾俱乐部，剩下的领导者，如罗伯斯庇尔，被称为山岳派（Montagnards，字面意思为“山上的人”，意为占据国民公会最高处的席位的人）。除了个人恩怨，山岳派认为，吉伦特派对巴黎的仇视是自杀性的，因为这会让人无心处理更为实际的紧迫事务。他们认为，唯一可靠的出路是迁就无套裤汉，即便这意味着对他们更加严重的暴力本能和行动睁一眼闭一眼。到5月，坏消息从四面八方传来，山岳派断定，要让吉伦特派闭嘴只有一条路，就是接受无套裤汉的要求，将他们逐出国民公会。6月2日，29名吉伦特派议员被逮捕。

此举的直接效应只能是进一步激化危机。几个外省城市早已对无力影响巴黎的事态感到不安，这时干脆掀起公开的叛乱。在整个夏天，马赛、波尔多和里昂先后脱离国民公会的控制，到8月底，地中海重要的军港土伦向英国人投降。此间的7月13日，无套裤汉在新闻界的偶像马拉在浴缸中被来自卡昂的叛乱者夏洛特·科黛刺杀。很多此类所谓的“联邦主义者叛乱”，并不像旺代叛乱那样具有相当明确的反革命色彩；这种叛乱只是对首 54
都的极端主义和动荡不定的抗议。但是，不管出于何种动机，战时的叛乱毫无疑问是叛国行为；秋天，国民公会的势力恢复了对那些与其步调不一致的中心城市的控制，叛乱领导者和活跃分子被以叛国罪论处。在秋冬时节，各省共有约14 000人被特别法庭判处死刑，其中一半的判决发生在西部；12月，最后一支旺代叛军在那里被击溃。有些人被枪决或被溺死，但大多数人死在曾处决国王的器械之下，这就是断头台：它直到1792年4月才被采用，本来是理性人士设计的一种更人性的处决装置，但他们没有预想到，当它被用来大批处死受害者时，会出现血流成河的后果。

这种刑罚既是为了惩罚，也是为了恐吓；到9月，让无套裤汉们难以理解的是，为何他们在议会的敌人被清理之后，还是不能产生更积极的效果；于是他们敦促将恐怖作为一项政府原则。9月5日，国民公会再次受到大规模示威的恫吓，于是它当天宣布恐怖成为一项制度。数周之内，它下令逮捕各种嫌疑犯，扩展当年早些时候设立的革命法庭的权限以使其可以审判政治罪犯，对所有基本物资实行价格管控（“最高限价令”），并授权无套裤汉组成的所谓“革命军”强制农民交出剩余产品以供应城市。共和国政府现在已是“革命的，直到和平到来”：它是中央集权的、专制的，并享有紧急权力；这完全违背大革命一开始时承诺的宪政道路。

6月被逮捕的吉伦特派，以及路易十六那受人憎恨的寡妻玛丽·安托瓦内特，此时都已送上断头台：这既是因为他们过去的作为，也因为他们所具有的象征意义。一些议员被派遣到各
55 动乱省份，他们的头衔是“特派员”，国民公会赋予他们全权；这些人开始认为，宗教是反革命的根源所在，很多情况下他们

的见解也颇为合理。于是他们决定对其辖区进行“去基督教化”，11月，这股风潮波及巴黎。随着新的“革命历”取代旧的基督教历法，大量教堂被封闭。政府——现在主要掌握在国民公会的救国委员会手中——从来没有正式支持过这一政策，因为它疏远的公民可能比争取到的公民还要多；但是，在政府于1794年春天强大到能遏制去基督教化浪潮之前，法国几乎每座教堂都已关闭，在“自由二年”，大多数教士已经被流放，或躲藏了起来。

恐怖看来达到了粉碎国内各种反对派的目标。甚至无套裤汉也心满意足了，他们被吸引到无情而坚毅的国家机器中。战争态势也在改观。1793年8月宣布的总动员（*levée en masse*）试图调动全国的人力资源，它为军队提供的人员和装备达到了前所未有的规模。12月底，英国人被赶出土伦，到春天，共和国的领土上已无外国占领军。此时，一些议员认为应该终止恐怖。巴黎民众的首领们、以其在报界的发言人埃贝尔得名的埃贝尔派，准备策划一场政变以平息对恐怖的批评，但其计划被救国委员会挫败，策划者们被送上了断头台。此刻，罗伯斯庇尔日益成为左右救国委员会的人，他开始怀疑，所谓的“宽容派”，即那位行事无常的丹东的朋友们，有着自私自利的动机；三周后，1794年4月5日，轮到这些人被处决了。恐怖开始再度加速，所有政治审判现在都通过巴黎革命法庭来进行；到7月，共有2000多人被审判，对外部世界造成的影响比前几个月在外省死去的数千人还要大。6月初，无辜者的最后一道司法保障被臭名昭著的牧 56
月22日法令去除了，而两天之前，在罗伯斯庇尔的倡导下，引入了一种非基督教的国家宗教，即最高主宰崇拜。

图8　1793年10月16日：雅克–路易·达维德素描，前往断头台的玛丽·安托瓦内特

这就是所谓的“大恐怖”时期，通常也被称为美德共和国时期，得名于罗伯斯庇尔演说中有关恐怖的道德阐述。政治罪行的定义十分宽泛，任何人都没有安全感。很多人之所以被处决，几乎仅仅是因为他们有成为反革命的可能：例如，此前被处死的贵族数量相当有限，但现在急剧上升。没人能想象如何结束这一切，因为即使是对恐怖的必要性表达某种怀疑，也会招致嫌疑。然而，靠流血来维持统治的必要性，已经越来越不明显了。整个国家现在已经完全处于国民公会的控制之下，军队也已再度对敌人发起攻击。人们开始将持续的恐怖归咎于罗伯斯庇尔那多疑的头脑，一批担心自己会成为他的下一个目标的议员，开始密谋反对他。事态终于在7月26日国民公会的对峙中公开化，那位“不可腐蚀者”的发言被压制，这可是他未曾经历的事情。第二天，他呼吁雅各宾俱乐部和无套裤汉支持他，但没有得到足够的呼应，于是他的呼吁看起来更像是对国民公会的挑战。他被宣布不受法律保护，这就意味着未经审判就可以逮捕他。他在被捕前曾试图自杀，但没有成功，7月28日，他与最亲密的伙伴一起被送上了断头台。

热月的困境

罗伯斯庇尔垮台那天，是革命历的热月9日，这一事件经常被视为大革命的终点。但情况根本不是这样。恐怖并没有因为处死罗伯斯庇尔而告终，它当然是1789年以来事态进程的令人震惊的高潮，但它没有解决任何导致大革命分裂的难题——宗教、君主制和战争。事实上，它还增加了另一个难题，雅各宾主 58
义的难题。在法国境外，这个术语早在1790年就成为指称革命的所有极端行为的方便称号。现在，这个术语在法国也开始获得同样的内涵——俱乐部、民粹主义、社会平均主义，还有以这些原则为名义的独裁主义，所有这些都是恐怖的基础。国民公会中掌权的热月党人，致力于瓦解一切使得雅各宾主义成为可能的东西。监狱中清空了嫌疑犯，雅各宾俱乐部及其附属机构被关闭，最高限价令之类的经济管制被取消。战争爆发后，指券价值虽然由于超量发行而不断缩水，但尚在勉力维持，因为共和二年的管制经济把指券视为合法的支付手段；但现在，指券进入了自由落体轨道。像1788至1789年一样，自然现象也在导致局势的恶化。农业收成不佳，再加上也许是1709年以来最寒冷的冬天，使得无套裤汉处境艰难；春天到来时，他们叫嚷着要重回面包和鲜血都很丰盛的日子。4月和5月（革命历中的芽月和牧月），国民公会两度遭到愤怒的群众的围攻，一名议员被杀。但是，当局已经没有了过去的组织依托，只能依靠军队来恢复国内秩序，这是1789年以来首次出现的局面。国民公会无视叛乱者的要求；后来的雅各宾派仍继续着重回共和二年的梦想，但是，巴黎人民已经不再是一支政治力量，这一情况将持续两代人的时间。此前遭受迫害的天主教徒和王党分子开始进行报复。在巴黎，穿着华丽的"金色青年"殴打无套裤汉老兵和雅各宾活跃分子；南方大范围的"白色恐怖"造成了非正式但很残暴的报复行为，针对的对象正是共和二年期间各地方的掌权者。

如果最近发生的事情是一系列可怕的错误，那么它们究竟开始于何时？热月党人很可能认为是1791年。他们梦想着恢复失去的共识和革命早期的公民理想。这就意味着与此间被排斥的天主教徒和王党分子实现和解。共和国仍不承认任何宗

教，但教堂被允许重新开放，共和二年在旺代实行的人口消灭政 59
策被引人注目地放弃了。1795年春天，已经有人在严肃认真地谈论拥戴路易十六幸存的儿子复辟，这个多病的孩子可以通过细心监督的、具有公共精神的教育而变得可以让人接受。但是，1795年6月，当这位“路易十七”死去时，这些希望都烟消云散了；第二个月，他的叔叔、流亡于维罗纳的普罗旺斯伯爵，在一份毫不妥协的冰冷声明中宣布自己为继承人路易十八；声明还承诺，一俟返回法国，将复辟几乎整个旧制度。显然，这意味着国有土地将返还给教会和流亡者，后者在战争爆发后也被没收财产。有些流亡者利用这个时机来显示他们一以贯之的不妥协立场：他们试图在英国人的支持下入侵布列塔尼，并希图率领一批布列塔尼的王党分子向巴黎进军。但他们在基伯龙的海滩上就停下了脚步，数以百计的登陆者被共和派俘获并枪决。

这一切让所有的复辟希望都偃旗息鼓了。不过，国民公会的议员们意识到，他们之所以当选，是为了给法国制定一部新宪法，而他们作为议员的时间已经足够长了。从技术上说，已经有一部现成的宪法：1793年，吉伦特派倒台后，法国制定并通过了一部极端民主的宪法，体现在如社会福利甚至合法的反抗权等各项条款上。由于处于战时，该宪法立刻就被束之高阁了。芽月和牧月的起义者曾要求实施这部宪法，但这只能让人深信它不可能施行。因此，国民公会于1795年夏天起草了一部新的共和宪法，该宪法甚至比1791年的宪法更加依赖大有产者。宪法规定了详尽的制衡和平衡机制，包括每年一度的选举和不断轮换的五人执行机构，即督政府。宪法起草者认为，1791年的根本错误是新机构完全排斥过去的旧成员，他们没有再犯这个错误。

实际上，他们坚持认为，两个新的立法“委员会”的成员中，三分
60 之二应该从他们中间遴选。王党分子曾指望在自由选举中胜出，他们对这项规定怒不可遏，但巴黎的大规模抗议活动（葡月暴动：10月5日）被军队驱散了，而军队的指挥官是年轻的将军波拿巴。

督政府

整个这段时期内，法国军队全线告捷。比利时被征服，并根据1793年首次宣告的原则合并于法国，该原则称，莱茵河是法国的“自然”疆界。荷兰共和国遭到入侵并投降了。普鲁士和西班牙人则缔结了和约。到1795年底，只有奥地利人和英国人还在与这个革命共和国作战，但二者都威胁不到法国的领土。1796年击溃皇帝的计划也已拟定出来，法军将从德意志和意大利进攻维也纳。波拿巴被委任为意大利方向的指挥官。这条战线被认为是辅助性的，但在1796年4月之后的12个月中，波拿巴将奥地利人逐出意大利，奥地利的首都已在其攻击范围之内；不过，在波拿巴的提议下，双方在莱奥本缔结了和约草案。

连英国人现在也坐下来谈判了；但是，鉴于1795年宪法规定举行的第一次定期选举的结果，各方都慢下了脚步。督政府在葡月暴动之后，在一种争战气氛中，向芽月和牧月之后遭受迫害的雅各宾派做出了让步。然而，从监狱和藏匿中走出来的雅各宾派显得很激进；1796年春，一些人要求恢复1793年宪法，实现财产权平等。于是他们再度被迫转入地下，一小批人在记者巴贝夫的领导下策划政变。这次“平等派密谋”，历史上首次共产主义革命的尝试，很快就被挫败了；但这使得右派占据了

上风，1797年选举的结果就是明证。作为对国民公会中尚存的“长期议员”的反动，保守派和王党议员的势力大大增强，于是， 61
英国人和奥地利人可以期望缔结更有利的和约——比他们依靠军事局面得来的和约更有利。此时的波拿巴担心他在意大利的战果受到威胁，于是支持三位督政官，他们都对反动浪潮颇为警惕。在共和五年的果月政变（1797年9月）中，半数以上省份的选举结果被宣布无效，177名议员被清洗。接下来的几轮选举，即1798年和1799年根据督政府宪法进行的选举，同样为政治上的便利而进行了修改；因此，这部宪法从来没有在任何时间、有任何机会自由地实施过。当它于1799年被废弃时，很少有人感到哀伤。

与此同时，果月的结果似乎在证明这场政变的正当性。就在下个月，奥地利人在康博福米奥缔结了和约，奥地利承认失去比利时，其在意大利的古老领地则由波拿巴转交给法国的傀儡国家——山南共和国。在国内，新一届更为自信的督政府宣布废弃大部分国债，从而打破了大革命时期持续时间最长的承诺。督政府还再次对教士和贵族采取严厉政策。但是，英国人远没有步奥地利盟友的后尘向法国让步，而是继续孤军奋战；1797年10月，英国海军在坎珀当取胜，巩固了其海上权威。从意大利返回的波拿巴被委以入侵英国的指挥权；不久后他认为，如果法国能威胁到英国在印度的财富资源，经商的英国人更有可能与法国媾和。无论如何，这是他1798年5月远征埃及的主要依据——督政官们也很高兴能把一个野心勃勃的将军派往远方。这件事的外交后果，是促使俄国领导的新的反法同盟的形成，尤其是当纳尔逊在8月的尼罗河战役中摧毁波拿巴的舰队，从而将他困在埃及之后。当奥地利允许俄国部队穿越其领土进攻身处意大利的法国军队时，整个亚平宁半岛都奋起反抗拿破仑及其后继者建立的傀儡政权。法国人撤军了，并将教宗当作俘虏一
62 起带走，他后来在法国人的囚禁中死去。这个革命的共和国一下子陷入了危险的孤立境地，就像1793年一样。应对的办法还像以前一样吗？当人们还在谈论强制借款和人质扣押时，茹尔当将军提出了一项全面征兵法案。其效应是再次在西部引起骚动，并在被兼并的比利时引发旺代式的新叛乱：教士领导农民发动起义（1798年10月）。起义很快被镇压，但军事危机一直在延续，直到次年夏天新的胜利到来；而当新雅各宾俱乐部开放并要求采取紧急措施拯救祖国时，政治局面的不稳定也在持续发展。在多年谨慎的沉寂之后，西耶斯重现政坛，并担任督政官，他判定，宪法已经无法运作下去。法国需要的是“来自上面的权威，来自下面的信任”。他在物色一位可靠的将领来协助他发动政变。就在这个时候，拿破仑·波拿巴完成了一项著名的行动：从与世隔绝的埃及逃了出来。

拿破仑

拿破仑与西耶斯合作，在共和八年雾月（1799年11月）解散了立法委员会。但他的意图不止于此，在确定新的权威主义宪法方面，他的发言权要大过他那位潜在的庇护人；12月的公投草草了事之后，新宪法颁布了。作为共和国第一执政的拿破仑，被宪法赋予实际上无限的权力。他宣告说：“公民们，大革命已经奠基于其开始时的原则之上。革命结束了。”

这个说法在当时完全不实，但在接下来的两年，拿破仑的作

为至少使得第二句论断开始变得可信了。随着奥地利人被击溃（他自己于1800年在马伦哥取胜，次年莫罗将军在霍恩林登告捷），拿破仑终结了在大陆的战事。英国人也已厌倦了战争，他们在1802年的《亚眠和约》中放弃了斗争。法国赢得了革命战争，而且是全面的胜利。胜利反过来给了拿破仑粉碎路易十八所有希望的力量，后者还想着自己或许能成为波旁复辟的工具。 63
如果法国需要一位君主，拿破仑自己是个更可靠的候选人，正如他在1804年给自己加冕时所显示的那样。到那个时候，他已经解决了法国与罗马之间的纷争，从而抽除了波旁家族的一个主要支柱。根据1801年与新教宗庇护七世商定的《教务专约》，公开的天主教宗教活动得以在法国恢复，其费用由国家支付。但是，为达成这项条约，教宗被迫承认拿破仑的一个前提条件：1789年后被没收和出售的教会地产一去不复返。这些地产的新所有者终于安心了，他们自然成为新政权的支持者，而不是支持此前做出类似承诺的仅有的两派力量：一个是声誉扫地的督政府，另一个是血腥的雅各宾派。雾月政变让国家摆脱了这两个恶劣的派别，从而为自己增添了光辉；不久之后，当走投无路的王党分子试图刺杀第一执政时，最后的雅各宾活跃分子被逮捕判刑。全国都松了口气，这声音实际上清晰可闻。拿破仑的统治也会有自己的难题和矛盾，但它之所以能持续下去，是因为它一开始就解决了其他难题：十年来，这些难题曾让这个国家四分 64
五裂。

第四章

终 点

法国大革命最初的冲击具有毁灭性。到1789年底，革命者想要废除的东西，是人人所称的旧秩序或旧制度。1791年夏天，制宪议会终于完成了1789年6月开始的制宪工作；议员们觉得，在这样一份重要的文献中列举他们的革命所清除的主要事物是有益的，他们把这些事物称为“损害自由和权利平等的制度”。因此宪法宣告说：

> 从此不再有贵族和爵位，不再有世袭性荣誉，没有等级之分，没有封建体制，没有为证明贵族身份而要求的任何成员属性和装饰物，没有任何意味着高贵出身和所有其他优越性的事物，而只有表明某人正在行使公共职务的象征。
>
> 不再有官职买卖和任何世袭性的公共职务。
>
> 在适用于所有法国人的法律之下，民族的任何组成部分和任何个人，都不再享有特权和豁免。
>
> 65 不再有行会，不再有职业和手工艺团体。

法律不再认可宗教誓愿及任何违背自然权利和宪法的承诺。

上面的列举远没有穷尽。在宪法中,这份名单紧接着《人权宣言》之后,而《人权宣言》宣告了一系列政治和公民生活的原则,它已然暗含着对从前违反这些原则的做法的谴责。在从未实施过的1793年宪法的序言中,扩展版的《人权宣言》说得更明确:"之所以有必要宣告这些权利,是因为专制主义仍然在现实和记忆中存在。"随着大革命的推进,其摧毁性野心的范围也在扩大。到1793年,这种野心已大到令一个愤慨的教士创造一个新词来形容它们:汪达尔主义(*vandalism*),这个词让人回想起古代蛮族人反基督的暴行。不过,大革命在毁灭方面的成就,跟其抱负比起来相距甚远;1789年和1793年的人们认为已被他们一劳永逸地废除的东西,经常会在短期内再度出现;尽管表面看来形态不同,但有幸见到这类重现事物的人,会惊愕而轻易地发觉这一点。

专制主义

大革命以对专制主义的攻击发端。孟德斯鸠在《论法的精神》(1748年)中把专制主义定义为一种无法可依的统治形式。由于无法可依,专制权威就是任意专断的,它的动力源泉在于恐惧。一个术语的广泛使用很快会冲淡其最初的严格含义,这是常有的事。早在1762年,卢梭在他的《社会契约论》中暗示说,专制暴君的权威与君主的权威没有实质的分别。到1760年代末,专制主义被广泛理解为君主权威的滥用,实际上也是一切形

式的权威的滥用。到1789年，专制主义首先意味着未经同意便
征税、任意逮捕和监禁、禁锢言论和思想自由的专断权力，以及
66 一切服务于上述目的之人的行为，如大臣和督办们所做的。一
句话，专制主义、暴政和绝对君主制之间现在已无界限。

大革命提供了一个摆脱上述所有不幸的机会。大革命把最高主权赋予民族，从而将国王变成法国的仆人，而不再是主人。大革命将国王和所有其他官员置于宪法之下，试图以法治取代专断意志的统治。旧制度时代当然也有大量法律——革命者甚至认为太多了。他们认为自己的一项长期性任务便是简化法律，编订法典。但过去的国王看来能够践踏一切而不受惩罚。这就是巴士底狱何以成为一个强有力的象征的原因所在——正是在那个地方，无名的国家囚犯不经审判就被监禁，其依据便是臭名昭著的逮捕密札（*lettres de cachet*），一种仅由国王签署和收回的密封文书。巴士底狱一旦被摧毁就绝不能重建，它曾经矗立的地方，如今仅剩鹅卵石在地上勾勒出的轮廓。影响力几乎同样强大的象征物，是1789年10月6日被离弃的凡尔赛宫，路易十四曾把这座宏伟的宫殿当作绝对君主制的所在地。但它太大，不能被摧毁（尽管并非没有被劫掠）；虽然拿破仑的实际权力让路易十六相形见绌，但即使他被加冕为一个由宫廷拱卫的统治者后，也不认为搬回凡尔赛宫是明智之举。那地方会勾起太多让人不悦的记忆。1815年波旁王朝复辟后，路易十六的弟弟们也没有返回凡尔赛宫。就连他们也承认，过去这个绝对君主制的神经中枢，已不再适合作为立宪君主们的居所。路易-菲利普也效仿他们，认为凡尔赛宫唯一可能的用场就是辟为博物馆。

贵族制

但凡尔赛宫不只是政治权威的象征。那里珠光宝气的廷臣还象征着由特权贵族支配的整个社会。从1788年秋天开始，大革命获得了一种社会推动力，这种推动力就是反贵族浪潮。到 67
1789年中期，贵族制（*aristocracy*）已成为囊括大革命反对的所有事物的术语。关于三级会议形式的争吵使得各种担忧浮出水面，大部分贵族仍高调坚持不放弃“1614年的形式”，这一形式能够保障他们将来享有政治权力。此举换来的是无法消弭的各类辱骂和夸大之词；虽然很多贵族议员在三等级合并之后发挥了建设性作用，但其他贵族的外逃以及留下来的一些人无端的抵制行为，使得人们对贵族的猜疑从未消除过。1790年6月，贵族制本身，以及爵位头衔、盾形纹章等贵族附属物的展示，都被法律禁止，而在多数贵族之中，这只能强化他们已成为祖国土地上的异类的意识。1797年果月之后，为了应付再度出现的王党主义的威胁，贵族在法律上正式成为异类，被剥夺作为法国公民的权利。如今他们是“前贵族”（*ci-devants*），是过去时代的残留物，比他们数千个已经外逃而不是住在这个已经面目全非的国家的叛徒亲戚好不了多少。

战争刚一开始，拒绝回国的流亡者，甚至一度与他们有联系的人，都被剥夺财产权，被剥夺的财产并入可出售的国有土地。不过，贵族财产权几乎从一开始就受到攻击，并在1789年8月4日夜以“封建制度”的形式被废除。封建权益并不总是有丰厚的收益，其影响范围也有极大的差别。但毫无疑问，封建权益具有广泛的象征意义，农民最初对风向标和其他领主权附属物的攻击就证明了这一点。虽然议会认为封建权益也是一种财产权，各种捐税在被赎买之前应继续征收，但大多数农民随即便停止支付，而且从未支付过赎买金。1793年，国民公会认可了这一既成事实，“领主时代”很快就只是一个民间记忆了。但是，封建制度的废除，只是8月4日夜带给贵族的最直接的打击。最初为
68 了平息农民怒火的做法，很快就发展成对特权的全面攻击。贵族已经听任自己失去单独的税收身份，并接受职业向才能开放，而非凭出身来世袭专有的制度。这些都是第三等级陈情书中压倒性的诉求，而且很多贵族陈情书也都表示赞同。如今它们成了法律。更为微妙的是废除官职买卖的冲击。显而易见的关键点是司法向才华和能力开放；但是，官职买卖曾是很多特权的来源，特权自16世纪以来持续激增；通过可封授贵族身份的官职的出售，这一制度成为平民进入贵族的主要通道。由于这些措施，法国贵族的整体性质发生了改变；但现在，贵族已不再招募成员了——这是一剂最终让贵族制消亡的药方。

团体主义和特权

但是，8月4日夜焚烧特权的篝火呈现燎原之势。正如8月11日颁布的执行法令所说的：“所有省、封邑、地区、行政区、市镇和居民社区的所有个别特权，无论是金钱方面的还是任何其他性质的特权，都不可撤销地废除了，都在全体法国人民的共同法律之下消解。”这就扫除了旧制度整个混乱而繁杂、极具多样性的体制，并为更为合理、更为统一的国家和社会组织敞开了道路。旧的体制是团体性的，每个团体的身份都在于自己的特权和垄断性权利。但是，1789年的革命者不相信任何形式的垄断

权利，他们认为这是对公共利益和国家利益的阴谋。垄断包括各类职业组织和行业公会，1791年4月23日的《阿拉德法》废除了这类机构；还包括手工业者组建的原始工会，1791年6月14日的《勒沙普利埃法》禁止了这类组织，该法还宣称，“消除所有由同类职业的公民组成的任何类型的组织”，是“法国宪法最根本的基础之一”。 69

最大的团体组织当然是教会：它独立且富有，享有很大的自治权，并部分地忠诚于阿尔卑斯山外的一个外国统治者。像贵族一样，教士也失去了在三级会议的单独代表权，这预示着更为惨重的损失。教士选民曾希望，在启蒙思想为时两代人的侵蚀之后，新政权能强化天主教会在国民生活中的角色；但是，当8月4日不经补偿就废除什一税时，教士深感震骇和忧虑。几周之后，《人权宣言》承诺的宗教信仰自由，是对教会的精神垄断权的进一步打击。11月没收教会地产是终结教会独立的最后一击，这也意味着，次年春天解散修道院和废除修道誓愿在所难免。接着，《教士公民组织法》规定的选举制摧毁了教会的教阶自治体制；教士抗议说，此类变革应该以某种方式征得他们的同意，但这只不过激发起国民议会的反团体主义怒火。

信仰状况

教宗诅咒《教士公民组织法》，这丝毫不令人奇怪；1791年9月，法国兼并他在阿维尼翁和孔塔-维内桑的领地，这进一步激起他的敌意。所有这一切都意味着，当法国于次年进入战争时，法国士兵将把攻击所到之处的宗教制度和设施当作特别的关注点。共和二年，法国甚至抛弃了制宪议会设立的“组织法派”教会，它成了一切宗教制度的敌人。1794年9月，尽管极端的非基督教化行动已经告终，共和国仍拒绝与任何宗教发生瓜葛；在整个督政府时期，被怀疑为抗拒派的教士时常会遭到迫害，数以百计的人被送往南美的圭亚那这个“不流血的断头
70 台”；与此同时，在德意志和意大利，教会统治的领地被世俗化了。还在营造声望的年轻的拿破仑，出于谨慎而不敢造次，顶多是威胁一下教宗。但是，1798年接替他的那些将军解散了教皇国，建立了一个世俗的“罗马共和国”，并将教宗囚禁，带往法国。很多人认为，当庇护六世于1799年8月死去时，教宗制度本身也告终了。

王朝外交

奥地利人拯救了教宗制，他们在几个月后答应在威尼斯给教宗一块飞地。他们这样做主要是为了惹怒法国，1792年以来，这个对手一直让他们不得安宁。从外交方面来说，法国大革命战争终结了与奥地利那令人不安且不得人心的联盟，这个联盟可以追溯到1755年，人们把七年战争的惨败和玛丽·安托瓦内特来到法国都归咎于这一联盟。但甚至在与奥地利关系破裂之前，革命者已经开始摈弃旧的王朝外交。1790年5月，西班牙国王以两个王国的波旁统治者之间延续已久的“家族契约”的名义，呼吁法国在有关努特卡松德（在北美太平洋海岸）的领土争议中支持西班牙反对英国，但国民议会拒绝了。它宣告说，新法国只会为维护其国土不受侵犯而战斗，不会为王朝君主之间的私人契约分心。一位议员后来宣告说，“指导各国权益的，不是君主之间的条约”。这话看来是要将1787年时法国在外交上的

无能变成某种原则性的东西，而当时法国军队的衰败也只能让局势更加复杂。军队的衰败无法遏止，正如1792年战争初期的溃败所显示的那样；虽然旧制度训练有素的炮兵在瓦尔密拯救了新生的共和国，但到1793年初，局势已经很明显：头年4月那场未经深思熟虑就发起的冲突，已变成一场关乎民族存亡的战争，要赢得这场战争，必须建立一支全新的军队。新军队将充分利用法国巨大的人口优势，大量从公民中征召士兵。征兵将不 71
再仰赖流浪汉的志愿加入，而在过去，军队数量取决于各外国雇佣兵团。部队的战术和行动，也不再是旧式军队那种自给自足、严格受控的策略，不再依靠自己所带的辎重车，不再关心维护自己昂贵的装备甚于对敌人发起战斗。旧制度战争模式的局限和胆怯可以轻易地以夸张的方式漫画化；但是，与法国人在下一代展开的全面战争——他们的对手也越来越采取这种方式——相比，这种战争的确比较温和。因此，王朝外交，以及作为其基础的战争方式，在1790年代已难以为继了。拿破仑因精通新的战争方式而开辟远大前程；1810年，他与奥地利公主联姻以增强其君主制的抱负，此时离他再次与维也纳的岳父开战仅仅隔了三年。

殖民地奴隶制

当然，战争的耗费曾拖垮旧君主制，但费用攀升的关键要素并不在于陆军。真正造成灾难性后果的是与英国的海军竞争带来的额外负担，但这种竞争的关键并非王朝优势，而是世界范围内的经济霸权。在这一点上，法国人的希望曾因七年战争的惨败而黯淡，但还没有被摧毁。帮助美国人争取独立并未带来期望中的利益，但法国人在印度洋的运气开始好转，加勒比海上的法属各岛屿最为繁荣；服务于这些岛屿的港口，如波尔多和南特，是这个王国发展势头最好的城市。但大革命永远地摧毁了这一切。一场宣扬平等和自由的运动，在这些以奴隶制和种族歧视为基础建立的岛屿上引发了大骚动。在圣多明各，这个1789年地球上最有价值的地方，白人和混血的克里奥尔人中间发生
72 的动乱，为三年后45万名黑人奴隶的大起义敞开了大门——这是历史上规模最大、最成功的奴隶起义。国民公会重建控制权的努力终于在1793年达到高潮：现代史上第一次废除了奴隶制，此举于1794年2月得到巴黎的支持。但由于同英国的战事再起，法国与海外殖民地的联系被切断。1802年《亚眠和约》期间，拿破仑派远征军前往圣多明各重建奴隶制的企图也失败了，随后，原来的奴隶建立了独立的国家海地。与此同时，法国的奴隶贸易也崩溃了，大西洋各大港口的经济出现萎缩。波尔多的人口在1790年到1801年之间下降了15%，七年之后，当拿破仑看到波尔多空荡荡的大码头时，大为吃惊。这时，海上贸易的主要障碍是英国海军，它在1798—1805年间彻底摧毁了法国舰队，并利用其优势对大陆海岸进行前所未有的严密封锁。但是，当战争终于结束后，重建旧时大西洋的奴隶、糖和咖啡经济的希望已经破灭了。一代人的时间以后，当法国人的帝国抱负复活时，非洲和印度支那将成为主要目标，此时商业动机已是次要的了，虽然它曾是创建革命前的帝国的原动力。

重绘过后的地图

此时分崩离析的不只是法兰西帝国。早在1795年，法军就

已摧毁荷兰共和国，并强迫其后继者、姊妹共和国“巴达维亚”与法国组建反对英国的同盟；于是，荷兰在三个大陆的殖民地便开始遭受那个海上霸主的恶意劫掠。与此同时，欧洲最古老的政治实体，有着千年历史的德意志民族神圣罗马帝国，也逐步走向解体——拿破仑加速了这一进程，并于1806年将其引向终点：那年他迫使弗朗茨二世放弃帝国帝位，退居单纯的奥地利世袭君主国。九年后，当拿破仑倒台时，已经没有人认真想过去复活这具 73
僵尸。最后，拿破仑在1808年废黜了西班牙的波旁君主，并派遣大量法军入侵西班牙，于是，世界上最庞大、最辽阔的殖民帝国自动解除了对来自马德里的任何命令的服从义务。有些地方，如委内瑞拉，几乎立刻就宣布独立。玻利瓦尔，领导这场运动的“解放者”，曾把拿破仑当作共和国的英雄来崇拜，后来他认为，法兰西帝国的建立是对革命理想的背叛。波旁王朝复辟后，反动的费迪南德七世试图重建旧制度，但这一举措只能激发整个西属南美的共和主义反抗运动。到1820年代中期，反抗运动全面获胜，这是1792年源自巴黎的共和主义激起的最后涟漪。

可实现的梦想

对经历过所有——哪怕是部分——这些重大动荡的人来说，冲击效应是全面彻底的。从1789年6月开始，时人的日记和评论中就回荡着对事态之尺度的困惑和惊恐之情。谁都没有心理准备。虽然革命者从一开始就乐于把这场运动描绘为18世纪“哲学”和启蒙的胜利（不幸的是，大革命的大部分批判者和敌人都接受了这一分析），但很难设想伏尔泰和卢梭会陶醉于这些在他们死后仅仅11年，就被口口声声归因于他们的影响的事件。罗伯斯庇尔像所有人一样，以身为启蒙的传人而自豪，他宣告说："政治作家……绝对预见不到这场革命。"如果改革真的到来，他们曾预期改革将是渐进的、点滴的，将是开明的权威主义者而非选举产生的议员们的事业。在这种背景之下，革命者着手的猛烈的、全面的变革就显得令人兴奋了。英国诗人华兹华斯绝非唯一一个觉得自己生活在极乐时刻、任何变革都有可
74 能的人：

> 天堂在哪里？不在乌托邦，
> 不在地下世界或者神秘岛！
> 就在这个世界上，
> 我们所有人的世界……

换言之，世间万物的本质中已无须再接纳任何东西了。如果强大的法国君主制，如果贵族和证明其优越性的封建法——更不消说天主教会本身了——都可以依据理性、效用和人道而被挑战和摈弃，那么就没有什么不可以被挑战了。各种梦想都可以实现。卢梭已经教导说，人类社会已经无可救药地腐败并继续在腐败，只有彻底的改变才能拯救。这就是他何以成为革命者心目中的英雄的原因所在：他们已经证明，卢梭的幻境是可能实现的。制度、习俗和信念，都绝不会仅仅因为它们一直如此或因为是神所设定的（另一种说法）而被接受。大革命已经永远地推翻了一个未经质疑就让人顺从的天真世界，在这个世界上，绝大多数事物似乎都是不可挑战、不可纠正的。德国哲学家康德在1784年的一篇著名论文中，把启蒙定义为人从自我施加

的不成熟中、从对独立自由思考的不情愿中解放出来。这个说法纯粹是智识性的。康德认为，启蒙只能缓慢地向前发展，革命绝不会真正改造思考方式。五年后，他改变了看法。尽管他认为，没有哪场革命具有合理性，但他还是说服自己相信，法国发生的事情是路易十六自愿交出权力，因为他意识到，从不假思索的常规和懒散的反应中解放出来的时刻，突然之间便到来了。 75

抗拒和延续

不过，大革命虽然象征着某种政治意愿的声张，即对抗历史、环境和既得利益的束缚，但革命者很快就发现，自己学到了严酷的一课：仅有意愿还不足以摧毁旧制度。旧制度发起反攻；正是抵制和反革命运动的力量和决心，很大程度上解释了恐怖何以如此残忍。当革命者集结的全部力量消耗一空时，恐怖政策被抛弃了，拿破仑最后也失败了；革命者在1789年及以后曾试图摧毁的很多东西依然还在，或者很快就重现了。没有大革命，拿破仑的事迹无法想象，但很多旧事物正是因为他才复活的。他自己则认为这只是对政治现实的认可。

尽管经历了非基督教化，宗教活动还是没有被扑灭。实际上，它是新制度的反对派的主要动力源，而且从未有过衰落的迹象。不过，与教宗的《教务专约》重建了教会，从而实现了天主教徒与新制度的和解。贵族同样如此。拿破仑自己就是贵族出身，像任何人一样，他很清楚，高贵的血统无法被消除，除非消灭所有相信自己拥有这种血统的人。所以他鼓励流亡贵族回国，并对督政府剥夺前贵族公民权的立法弃之不顾。他也知道，与贵族制有特别关系的等级和荣誉，是些“用来统治人的小玩意儿”。因此他在1802年建立了荣誉军团（Legion of Honour），并配以猩红绶带和徽章。最后，在1808年，他设立了派头十足的帝国贵族，而且特别注重从旧贵族中招募真正的贵族。当然，这时他已经是世袭的君主，而且他深信，没有宫廷和贵族，即使头上戴着皇冠也不像真正的君主。他的统治甚至比波旁君主们更加绝对，他手下的省长（prefects），其权限比旧“专制主义”那些受
76 人憎恨的代理人——督办们——更为全面和强大。

此外，在他下台后，所有这些东西都没有消失。虽然世袭继承的次序两次被打断，但法国直到1870年都还是个君主国，要么是波旁家族的君主，要么是波拿巴家族的君主，唯一的例外是1848至1852年。在整个这段时间，贵族身份一直被正式认可；1820年代，流亡贵族得到国家赔偿，以补偿他们在大革命期间失去的土地。在全国范围内，省长仍然是权威的代表，公证人和其他法律职务甚至再次出现了职位买卖现象。在1905年之前，作为建制教会的天主教一直以拿破仑当初的方式存在着，其神职人员由国家拨款资助。1825年，查理十世——路易十六的最后一个在世的兄弟——甚至在兰斯大教堂按传统仪式举行了一次细致繁复的加冕礼，以再次为其王朝与上帝的联盟祝圣。如果某个观察者断定，大革命全部的毁灭热忱其实一无所成，人们也许应该原谅他的草率。

复辟的假象

但没有什么比这更表面化的了。除了华丽的服饰之外，拿破仑的君主制与路易十六的君主制并无共同之处。这个君主制有帝国的意识，它想从查理曼而非从波旁君主们那里汲取灵感。

现在也没有高等法院和省三级会议之类建制性的反对机构。皇帝创建起来为其君主制虚荣增光添彩的贵族，其规模要比革命前的贵族小得多，也不享有法律上的特权；如果没有达到一定的财产水平，甚至头衔也不能世袭。进入贵族阶层需要皇帝的提名，而不再通过购买官职获取。旧贵族当中，更多的人不愿加入这样一个人为创造的阶层，屈从于拿破仑的诱惑的较少。

路易十八和查理十世的复辟君主制，也完全不像他们那位殉难的哥哥的君主制。从很多方面看，他们继承的不是哥哥的王位，而是拿破仑的皇位，这也的确是常见的说法。旧制度的任何政府体制都没有被恢复，《民法典》仍然是法国法律体系的 77
支柱。在复辟王朝的大部分时间里，国家不得不依赖皇帝手下的官员。虽说旧贵族被再次确认，但帝国贵族头衔依然被接受，荣誉军团也依然存在。另一方面，路易十八于1814年发布的宪章——直到1848年时仍是宪法的基础——浸润着1789年的精神。在实践中，复辟君主制是遵守宪章的：两院制立法机构的下院议员定期选举，个人自由和出版自由得到保障，法律和税收面前人人平等。宪章明文确认革命期间的土地调整，就像拿破仑上台伊始一样，这一点也许最为重要。教会和流亡贵族被没收并被出售的土地，将不会归还原来的所有者。1825年，查理十世政府对那些失去土地的人提供补偿，这实际上是不经意间承认了这一损失。随后的各个政权，虽然也对大革命的结果深表遗憾，但都确认并保障了其造成的大规模的财产转移。

根据《教务专约》恢复的天主教会，与先前的高卢教会也鲜有相似之处，个中原因仅上面提到的那一点便足可说明。失去了土地、捐赠和头衔，教会只能依赖于国家提供的物质支持，此外就只能靠信徒出于虔诚之心的赠予了。享有圣俸的教士如今已改由国家任命了。过去混乱而不规则的教会地理格局也一去不复返，如同教会的豁免权和税收特权，以及定期的教士大会这一制度上的独立性。修道团体也不允许重建——尽管重建由于没有捐赠而几乎没有希望实现。最后，宗教宽容也使得旧制度官方信仰的统一性（虽然到1789年时这种统一性已经在解体，并让教会深感愤怒）永远消失了。

拿破仑之后的波旁政权，虽然喜欢把自己说成是王座与祭
78 坛的恢复者，却几乎没有改变上述局面。支持波旁王朝的更为极端的派别（*ultra*），似乎并不很想恢复革命前的教会，而是想让它比以前更为强大。他们把大革命归咎于旧制度时代宗教权威的不断损害。但他们仅有的成就是于1825年通过了一项无法执行下去的法案：规定对亵渎圣物者判处死刑。与此同时，查理十世在加冕礼上的虔诚举止，激发的与其说是人们的敬畏，不如说是嘲弄。1830年革命后，他的堂兄弟继位登基，称路易-菲利普，但后者从不声称其统治权来自神的恩授，而仅仅是因为法国人民的选择。

变革后的世界

在法国境外，复辟被大革命或其影响力粉碎的事物的努力，同样没有好的结果。不过拿破仑对此没有贡献。充当大革命的工具，这的确是他最有力的口号，为此他系统地废除了意大利、德意志和西班牙的旧秩序，消灭了整个国家，引入了《民法典》和《教务专约》。只有在波兰——1795年当法国无能为力或许也漠不关心时被彻底瓜分，并从地图上消失——拿破仑建立的华沙大

公国复活了旧秩序的回声。不管怎样，为重建拿破仑之后的欧洲秩序而召开的维也纳会议，已经不能恢复任何类似于国际旧制度的东西。实际上，这次会议像拿破仑那样心安理得地重绘边境、安置各位君主，除了教宗自己在意大利的领地，任何教会领地都没有被恢复。的确，1780年代的各大国，以更为强大的面目重现了；但它们为防止将来出现拿破仑规模的冲突而建立的"欧洲和谐"，却是全新的事物；它的出现，除了某种朦胧的"均势"意愿之外，与18世纪那种无情的机会主义国际秩序关系甚少。同样，东欧的君主们1815年以后标榜的"神圣同盟"更容易让人想起的是16世纪而非18世纪，它的建立旨在先发制人地预 79
防任何无神论的革命力量扰乱欧洲秩序。

因此，即使有些步骤是为了重建旧制度或它的某些要素，这些步骤也绝非简单纯粹的复辟。它们总是混杂着各种意识：不仅有旧制度曾经崩溃的意识，还有对导致其崩溃的力量的意识，以及如何防止此类灾难的意识。重建一个像以前一样破绽百出的旧制度已经一无用处。实际上，真正的复辟已无可能，尽管君主制、贵族和教会都可以在革命者企图毁灭它们过后重现，但它们与1789年以前的同名事物不存在实质上的类同。尽管有表面上的相似性，但经过大革命的洗礼，很少存在能原封不动地延续下去的事物。

可以相当严肃地说，已经没有什么东西是神圣的了。所有权力、所有权威、所有制度，现在都是临时的，只有能从理性和效用的角度得到证实时，它们才有效。从这个意义上说，法国大革命真正代表着启蒙精神的胜利，并开创了一个新的精神世界——我们至今仍生活在这个世界中。 80

第五章

起　点

大革命以宣告民族主权为开端。民族（nation），而非国王、世袭的精英或者教会，才是人类事务中权威的最高源泉。正是基于这种信念，国民议会于1790年宣布，除非进行自卫，法国绝不进行战争；两年之后，当新生的共和国在德意志专制王侯的联合阵线的敌意攻击之后继续生存时，同样的信念又激励国民公会向所有试图恢复其自由的人民表达博爱并提供帮助。国民公会只用了几个月就意识到，这个毫无节制的誓言不可能照办；一代人之后，大革命释放的力量将被国王们的联盟击败，后者有毫不妥协的贵族和一心复仇的教士为支持，这些人鄙视任何以民族为主权者的思想。尽管如此，一种新的政治合法性原则已经无法回避地被提了出来；1815年，反动势力取得了表面的胜利，但此后的一百年间，民族主权已经在欧洲和美洲获得广泛认可。在20世纪，这个原则又将召唤人们将欧洲人从他们的全部海外
81 殖民地驱逐出去。

极权主义民主

何以构成一个民族，这仍然是个难题。西耶斯1789年为攻击贵族特权而提出的定义是，“一个生活在共同法律下并由同一立法机构代表的联合体”。这是个开端，但仅此而已——对那些认为语言、传统和土地至少同样重要的人来说，这个定义太宽泛了。不过，在过去两个世纪中，一旦作了自我定义，各个民族就很少愿意由不是自己选定的权威来统治自己。1789年的革命者假定，各民族主权只能以代议制的方式行使，但十年之后，拿破仑就开始表明，民族主权可以用来为独裁乃至君主制提供合法性。1799至1804年间，他为使自己成为世袭皇帝而采取的每一步都得到全民表决的认证，但表决回答的是某个仔细设定的问题。表决结果从未受到质疑，而且几乎可以肯定的是，为了让结果显得更为有力，一切操控手段都采用过。1851至1852年期间，他的侄子拿破仑三世为了给自己的篡权行为披上国家合法性的外衣，也将使用同样的手段；最近的1958年，第五共和国就是以一次赋予戴高乐将军以广泛权力的公投为起点的。在法国以外的世界，全民表决民主或极权主义民主技术的广泛传播，大部分要等到20世纪；但是这些行为和当时宣布的更具自由色彩的理想一样都深深植根于1789年的那个伟大的合法性原则。

自由主义

自由主义这个术语，到拿破仑的权威已经衰落时才被发明出来。它第一次被使用，是为了描述加的斯议会在后拿破仑时代，即1810至1813年的西班牙建立代议制政府的理想。不过，西班

牙自由派所梦想的，乃是基于制宪议会率先在法国确立的政治楷
82 模：以成文宪法为基础的代议制政府，宪法将保障一系列基本的人权。在整个19世纪，直到1917年最后一个绝对君主制在俄国被推翻为止，上述诉求将构成政治改革派的最低要求。自由主义信念的基本要旨，可以在《人权宣言》中找到，即选举自由，思想、信仰和言论自由；免于被专断课税或监禁的自由。自由主义者坚信宣言中的平等原则，即法律面前的平等、权利平等、机会平等。不过，他们并不推崇财产平等，而且他们始终强调的法治有一个主要的功能，这便是保障财产所有者的绝对权利。

除此之外，便是存在广泛分歧的领域。直到20世纪，仍然只有很少一部分人认为，妇女应该像男子一样拥有同样的自由和平等；大革命期间，极少数大胆的男女人士曾为妇女的自由权益鼓与呼，但他们受到嘲笑，陷于沉寂。法国妇女直到1944年才最终获得政治权利。何以等待这么长的时间？其中一个原因是，第三共和国的政客们害怕女选民会受其教士的左右：1793年以来，妇女成为天主教抵制革命的世俗主义的中流砥柱。种族平等也让自由主义者深感矛盾。在法国，最初的反奴隶制的情绪，与大革命的第一波冲击刚好巧合，但是奴隶是财产，他们的劳动是一个庞大的财富和商业网络的支柱。1791年圣多明各大规模的奴隶起义，似乎生动地证明了放松对奴隶的控制带来的危险。为了再次控制圣多明各，国民公会的代表宣布废除奴隶制；1794年2月，巴黎认可了他们的举动。议员们欢呼自己成为最早废除奴隶制的统治者——他们的确是，不过仅仅是认可了既成事实而已。但不到十年之后，拿破仑就试图在仍由法国控制的各岛
83 屿恢复奴隶制，而各个表面上比拿破仑更具自由色彩的政权也

一直维持着奴隶制，直到1848年：那时的革命者将废除奴隶制作为他们向1794年遗产致敬的首要事务之一。

采取这一步骤的新制宪议会，是由男子普选产生的——这又是一个迟来的致敬：1792年国民公会的选举曾绝无仅有地采用此原则。不过即使是这一次的选举，也排除了仆役和无职业者。1789年的革命者做出的限制更加严格。他们认为，只有有产者才享有政治代表权：即使所有人现在都是公民了，也只有那些拥有最低限度财产的人，才可以成为积极公民。这种区分反映了对民众参与公共生活的不信任，这种不信任像历史本身一样古老，大革命的重大事件丝毫没有驱散它。大革命从1789年危机中的骚乱、威胁和流血中诞生，革命头几年中始终贯穿着群众暴力和暴力威胁，可怕的血腥场景终于在1792年的“九月大屠杀”中凸显出来。所有人都意识到，无套裤汉的报复欲对一年后恐怖的加速到来起了多么大的作用；因此，恐怖结束后，国民公会在制定1795年宪法时，深思熟虑地将比1791年更多的人排除出公共生活。于是，延续半个世纪的模式确定了下来，在这种模式下，代议制政府仅仅代表非常富有，即有物可失的人；不过，即使是非代议制政府，如拿破仑的体制，也会考虑人民的利益，并试图通过与人民的合作来实现统治。

人民

一个令人困扰的悖论是，倡导自由主义原则的大革命，如果没有人民的支持便不能进行。1789年7月14日，巴黎人民拯救了国民议会，10月可能再次挽救了它。曾经的“暴民”——只有反革命者仍然敢于如此称呼——如今已是觉醒的、行动起来

图9　马拉之死：雅克·路易·大卫的革命圣殇像

的人民，他们的极端行为总能找到辩解声。狂暴的马拉正是以他的报纸《人民之友》、通过这种辩解而崭露头角的，1793年被 84
刺杀后，他被尊奉为人民事业的殉道者（并在大卫最难忘的绘画作品中被铭记）。到1792年，民众活跃分子以自己是“无套裤汉”而自豪；在君主制被推翻后，民众风格和话语笼罩着公共生活，为时大约有三年，高雅的装束和言辞都被抛弃，政治权利被平等化（至少在男人中间）。一部平等主义的宪法被宣布、至少被许诺了，它承诺免费教育，承诺对贫病及无劳动能力者提供“社会保障”形式的福利支持。与此同时，富人因为强制借款而受到剥夺，人们还考虑将流亡者和叛国者的财产分给贫苦爱国者，基本消费品的价格也通过最高限价令而被抑制在低水平上。所有这些政策在罗伯斯庇尔倒台后都被抛弃了；但它们立刻被很多人视为对真正的社会平等的食言。巴贝夫及其1796年的合谋者打算以从未实施过的1793年宪法为基础夺取权力。后来，社会主义者回望革命历上的共和二年，以寻找其理想的最早的“先行者”，那时，人民第一次为追求自己的利益而不是充当更为强大的操控者的工具而进入政治生活。

恐怖

但即使在这个问题上，也存在让人为难的悖论。共和二年也是恐怖时期，至少它最后的阶段很像是付诸实施中的社会报复。民众权力和恐怖不可分离吗？罗伯斯庇尔和圣鞠斯特等大革命时期的演说家初步的理论阐述，后来被社会主义和共产主义革命者引用，这些后来者也不怯于接受一种无情的见解：要打败人民的敌人，只有彻底消灭他们。没有恐怖就没有真正的革命。19世纪的人们一回想起革命法庭及其进行的公开审判就会86 战栗，20世纪的人们则看到，很多从革命中寻求合法性的政权都在复制这一切。很多同情大革命的宏大抱负的后来人，都合情合理地不太愿意相信，社会唯有通过流血才会变得更平等。他们认为恐怖最多是一种残酷的必要性，导致其出现于第一共和国的，乃是“局势”的力量，而非不可避免的逻辑力量；持同样看法的还有一些自由派，他们为在共和二年听到的对财产权的威胁以及对生命的威胁感到不安。被迫仓促做出的宗教抉择和路易十六夫妇的莽撞行为分裂了国家，战争的前景逼迫人们为国家防御而采取极端措施，于是反对派和叛国者之间的区分变得模糊了。不过，法国大革命更像是对可能发生的事情的警示，而不是对必然到来的事情的处方。

左派与右派

所有这类感知，都植根于这样一个信念：不管它具有多么复杂的特征，大革命中的善远多于恶。这是左派的观点，左派本身也是起源于大革命的一种政治描述方式，在那时的历次议会中，主张进一步变革的议员坐在主席的左侧，而保守派议员聚集在主席的右侧。右派实际上是现代的政治保守主义，它像自己反对的所有事物一样，也是法国大革命创造的。旧制度那种本能的惰性一去不复返了：谁要试图让政府、权力结构和社会制度免受新意义上的革命的侵害，就必须提出全新的原理和策略。

密谋者和革命者

旧秩序的崩溃，以及随之而来的迅猛变革，让每个人都目瞪口呆。在随后五年的困惑中，毁灭、暴行、屠杀等更可怕的消息接踵而至，惊愕不已的旁观者们在寻求解释这一漫无边际的大骚乱。心怀敌意的评论者认为，这只能是一场阴谋。作为政治网络的俱乐部，雅各宾俱乐部充当了革命激进主义的载体；人们怀疑这些俱乐部就是神秘的共济会，后者在整个18世纪大量出现。共济会会员信奉自然神论，但主张宗教宽容（因此受到天主教会的双重谴责），并以其秘密性而自豪；他们宣扬自由、平等和慈善等价值观，因此回想起来，他们的目标和理念侵蚀了一切既定的价值观——尽管过去的精英阶层曾成群结队地加入共济会。迄今为止，共济会和法国大革命之间并未建立起可靠的因果关联，实际上与雅各宾俱乐部之间也没有可信的关联；但是，1797年，一部旨在证明二者在阴谋颠覆宗教、君主制和社会等级制方面存在联系的著作，成为全欧洲的畅销书。这就是巴吕埃尔的《关于雅各宾主义历史的报告》，该书不断重印，直到20世纪；这反映了公众对一场隐秘运动经久不息的猜疑心理，而在1789年之前，除了少数偏执的妄想狂教士，没有人对这场运动有所警觉。但这一论点长久不衰，以致共济会现在被认为与一些大陆国家的共和主义和反教权主义有关，而加入共济会则成为表达政治激进主义信念的姿态——在大革命之前，情况绝非如此。保守主义政权——直到纳粹及其维希傀儡政权——也将一直带着最深刻的猜疑眼光去看待共济会，而且将定期封闭其网络。 87

这样的猜疑并非毫无依据，因为在整个19世纪，很多政治激进派开始相信，发动革命确实要通过密谋活动。1789年之前没有这类革命性的密谋。没有人相信，一个既定制度会被这样彻底推翻。但是，一旦1790年代的法国史证明这是可能的，这段

图10　不朽的传奇：欧仁·德拉克鲁瓦的《自由引导人民》(1830年)

历史也就成为现代史上的经典时段，无论是启迪还是警示，它都是各派希望效仿或避免的先例。不过，即使是革命的同情者，也很难接受这样的看法，即密谋不是成就革命的道路，否则革命就 89
是盲目的命运的作用，而非人的有意识的介入造成的影响。因此，就在1790年代，一些秘密群体在欧洲很多国家策划革命。在波兰和爱尔兰，它们对大规模的血腥起义的爆发起了重要作用。它们的领导者失败之后向法国寻求帮助，塔德乌什·柯斯丘什科、沃尔夫·托恩等人，从此被尊为民族独立的先知和殉道者。当大革命在法国也开始让其支持者失望时，一场真正的雅各宾密谋酝酿了出来——但它反对的是新制度而非旧制度。这就是1796年巴贝夫的"平等派密谋"，历史上首次共产主义革命的尝试，它遭遇了悲惨的失败。但巴贝夫的同谋者邦纳罗蒂为建立密谋革命网络而耗尽余生；1828年，他在《为平等而密谋》一书中留下了对巴贝夫的永久记忆，该书曾激励三代颠覆者，1917年俄国革命胜利后，它成为取得成功的共产主义的经典。实际上，在20世纪的头25年，在俄国经历两场革命的时候，法国的先例一直困扰着俄国知识分子；1917年革命的主要领导人甚至一直在思考谁是雅各宾派、谁是吉伦特派，他们中间是否还潜伏着一个拿破仑。

模式和典范

与此同时，在法国，诉诸下一次革命成了一面旗帜；在19世纪的大部分时间里，对很多声誉卓著的人物来说，这也是一种政治选择。1830年，当查理十世看来连革命遗产中最薄弱的要素也要抛弃时——当初他哥哥路易十八曾接受这些遗产，作为继承拿破仑的代价——他被巴黎街头持续三天的起义推翻了。他的堂兄弟和继承人路易-菲利普也装模作样地挥舞着三色旗，试图调停源自1789年的各种严重分裂的传统。但路易-菲利普
90 失败了，他在1848年的革命中被赶下了台，那时的反抗更具民众色彩。另一个波拿巴终结了这次革命，但他在普法战争中的失败引发了革命恐怖以来最血腥的一幕：这就是1871年的巴黎公社，约有25 000人丧生其中。公社这一名称本身就让人想起1792年，而且很多公社社员认为自己是无套裤汉的化身，与第一共和国面临着同样的敌人，包括王党分子、天主教派、两面三刀的将军们以及贪婪的富人。然而，只有最后一类人从他们的失败中获益，从1870年代初的创伤中诞生的第三共和国将在大革命的意象中自豪并谨慎地追求早在1790年代就已表达出的民主和反教权主义的理想。1917年之后的半个世纪里，很多法国知识分子认为，俄国革命是他们的革命期许的迟到的兑现，有关这革命的十年的史学研究也被法国共产党的成员或同情者所主导。但是，他们对大革命的控制，从1950年代中期起开始受到挑战；随着1989年苏联的崩溃，大革命二百周年之际占支配地位的解释是来自新保守派、前共产党人弗朗索瓦·孚雷的。

孚雷认为，恐怖从大革命一开始就已注定，不过在他看来，大革命的经历就是为现代政治文化奠基的历程。美国人最有理由质疑此说，因为他们的那场建国革命比法国人的革命早了十余年。在帮助美国人争取独立后，很多法国人当然觉得大西洋对岸的例子鼓舞人心，但没人认为美国人的做法能够移植到欧洲。当18世纪政治创造中最持久的丰碑——美国宪法的制定完成之时，法国人正忙于提出制宪诉求；他们不无道理地声称自己

的革命与历史上的任何其他革命都不相似，而且与此前别的地方的动荡关系甚少，除了友好的博爱之情。连美国人也很快陷入了严重的分裂中：他们不知道新法国究竟在何种意义上还是 91
那个曾帮助他们赢得独立的国家，也不清楚应在多大程度上赞赏法国的新制度。美国远离旧大陆，对与旧大陆接触心存犹疑，而且还讲着一种当时仍处次要地位的语言，所以在20世纪之前它被法国大革命边缘化了——即便美国的向西扩张得益于1803年拿破仑出售路易斯安那。

保守主义、反动和宗教

与此同时，欧洲的保守主义深信，旧制度的稳定、威严和秩序之所以被瓦解，是因为丧失了警惕性，于是保守主义对颠覆力量的源头展开了打击。在时间跨入19世纪之前，各国政府都加紧扩张镇压手段，间谍和告密者激增，常规的公共警察力量也开始建立。嫌疑者的名单将经常性地保留，他们的行动被跟踪。各种形式的出版物将面临严厉的审查，媒体被迫接受最严格的监控，因为它们被指责在大革命前和革命期间传播不服从精神和自由思想。所有镇压体制中，最有效的便是拿破仑的体制；他虽是大革命的产物，但努力将其诉求奠基于让有产者确信：雅各宾主义的社会威胁已经被抑制。拿破仑还认识到，大革命给法国造成的最初的也是最深刻的创伤是与罗马天主教会的纷争；没有什么比他与庇护七世的《教务专约》更有利于终结大革命的了。与他身后整个19世纪的所有保守政权一样，拿破仑深信，有组织的宗教所扮演的稳固且公认的角色，是秩序和权威最坚固的支柱：他在这样的宗教中看到的纯粹是“社会秩序的秘密”。

对教会来说，1790年代的经历是悲怆的，这段经历中包括
92 1793年彻底扑灭宗教信仰活动的企图——这可是历史上前所未有的——以及次年国民公会宣布放弃任何宗教信仰（这是欧洲历史上建立世俗国家的首次公开尝试）；有此经历，教会便迫不及待地想要重建与世俗权威的古老联盟。结果看来并不令人满意。缔结《教务专约》八年之后，就像其前任——一名法国人的囚徒——一样，庇护七世发现自己丧失了在意大利中部的领地，而且就要面临拿破仑长达四年的无情凌辱。被囚禁在圣赫勒拿岛时，这位原来的皇帝声称，他曾计划彻底废除教宗制度。他的继承者——波旁的君主们对教会友好得多，但是他们早已放弃了恢复教会在1789年之前的地位的想法。重新谈判《教务专约》的尝试搁浅了，新政权确认了教会的土地损失，第一次谈判时，拿破仑坚持要教宗接受这一前提条件。从这个时候起，在这个即将到来的动荡不已的世纪中，教会的命运将与法兰西国家的每次变迁息息相关；当这个国家终于实现共和制，并鼓吹它源自1794年那个曾割断与教会的一切联系的国家时，政教分离的道路实际上已经铺好，并最终于1905年实现。与此同时，在法国以外的地方，教宗于1814年收回了他在意大利的领地，但欧洲其他地方的教会统治都没有恢复，而且意大利的民族主义者越来越把教宗国家视为亚平宁半岛统一的主要障碍。在1870年拿破仑三世垮台之前，君主制法国是教宗制度的主要支柱；不过，庇护九世眼见日益受人攻击，只能求助于彼岸的力量。法国支持的终结以及随之发生的前教宗领地并入新的意大利王国，与梵蒂冈大公会议发布教宗无谬误一说恰好同时发生——此前这种无谬说从未明确表达过，因为担心世俗统治者的反应。1790年

以来教会与国家的关系的历程表明，信仰在没有国家支持的情况下有可能发展下去，其势头至少和在有国家支持的情况下一样。新兴的德意志帝国于1870年代发起的反天主教会的文化斗争（*Kulturkampf*）进一步强化了这一教训。罗马将继续谴责法 93
国大革命，说它是现代渎神论和反教权主义的源头，是一场所有以这类立场而自豪之人乐于接受的变革。但是，1790年代的创痛，也在教会内部开启了一个缓慢的进程：它开始逐渐承认，独立于世俗权威、自由地决定自己的事务、仅要求容忍宗教活动和宗教行为，或许是件好事。不过，当教会被授予权力时，如在20世纪中叶的西班牙和爱尔兰，教会还是难以抗拒；但在一个定期的政治变革成为常规并为人期待的世界中（这一点仍然可以追溯到法国大革命），过分紧密地认同某个政权——不论多么同情后者——是不明智的，很多有头脑的教会人士已经日益清晰地认识到了这一点。

然而，在整个19世纪，教会仍然因为过分紧密地依附于反动、压迫性的政权而付出代价。直到1920年代，墨西哥革命的最后阶段还有意识地仿效1793年的去基督教化，而信仰基督的印第安人为支持受攻击的教会而发起的基督教抗争，又让人想起那一年旺代的叛乱。不过，极端的反教权主义最后取得的重大胜利，打击最甚的不是天主教会（至少在1945年后波兰、捷克斯洛伐克和匈牙利天主教会受到打击之前），而是俄罗斯的东正教会。1922年，列宁已经“得出坚定的结论：我们现在必须对教士开展一场无情的、决定性的斗争；为了镇压他们的反抗，我们必须残酷到让他们数十年也不敢忘记。我们为此开枪……越多，就会越好”。像1793年几个更为狂热的反基督教分子一样，斯大林在革命前也是为担任教士而接受教育的，但在他统治下的苏联，官方信奉的是无神论，并致力于根除“迷信”。大部分教堂被关闭，很多被摧毁，还保持着信仰虔诚的主要是农村妇女，就像1790年代的法国。斯大林死后，这些政策依然维持着，不过没那么残酷了；苏联崩溃之后，教会再次复活了。与此同时，苏
94 联在东欧的各卫星国，更为清楚地了解过分激烈地与教会对抗的后果。1978年，波兰出了一位教宗，现在回过头去看，这可以说是一个征象：近两个世纪前首次出现的极端世俗主义的意识形态，现在已开始坍塌，教会正在恢复信任。

理性化

革命者对宗教的批判，甚至在变成一场倾尽全力的攻击之前，就已成为1789年的革命者们更为广泛的信念的一部分，这信念就是推进人类事务的理性化。他们认为，旧制度的崩溃为他们提供了一个很好的机会，让他们可以控制环境、按有意识的计划或一系列原则去重塑人类事务。以前的人们从未有过这样非凡的机会。当他们的军队和拿破仑的军队先后推翻其他的旧制度时，他们赋予（毋宁说是强加给）自己的臣民同样的机会。所有新安排和新出现的制度，其要旨现在看来都是理性化和一致化。行政地图和疆界被重绘，区划大致平等，各种不规则的现象都被根除。法国当时划分的省（departments）一直保留到20世纪且未经改动。交换和流通手段也实现了统一化，包括通货、度量衡、语言；其基础是由中央细心制定的教育体制，以及单一明晰的法典。在1790年代，上述事务有些仅仅是个草案，或刚刚开始；但是，由于拿破仑的推动和其目标之坚定，大部分事务被牢

固确立下来，并成为随后历届政府追求的目标。这涉及的是现代国家如何自我组织的问题。的确，在国际竞争的无情压力之下，很多国家早在1789年之前就已经在这个方向上采取了一些步骤：不过遭遇很大的争议，而且人们还在讨论，导致法国旧制度垮台的是否就是这些步骤。大革命将抵制性的制度和力量扫到一边，无论是在法国，还是在法国的势力曾到达的其他地方。 95
大革命在这样做的同时，为所有政权提供了一个具体的教训：一旦下定决心，现代化会变得多么容易。

或者说，看起来是这样。实际上，法国大革命的胜利远非那么容易。它们是通过在国内狂热而野蛮的措施、在国外无情的军事手段才达到的。根据官方的数字，恐怖期间的罹难者为16 000人，但可能还要加上在1793至1794年的战斗和报复中死去的15万人。实际上，最近的一些历史学家甚至认为，旺代遭受的毁灭性打击可以看成现代史上的第一次种族灭绝企图。1792至1815年反对欧洲旧制度的战争夺去了500多万人的生命（其中140万是法国人），这场屠杀的规模堪比1914至1918年的世界大战，只是持续的时间更长。后来，一些深受革命者的抱负和成就感染的评论家们，往往忽视或淡化这一沉重代价。因此一个必然的推论是，当这样的狂热者得胜时，如在20世纪的俄国，大屠杀的惨剧便再度上演。以这种代价取得的胜利，无法持久存在下去。

一笔有局限的遗产

我们在这一章看到，法国大革命留给19世纪的遗产是巨大的，但这笔遗产总是有偏颇的，经常还充满矛盾。在欧洲，20世纪建立起的那些革命的体制并不比这笔遗产更为持久，而仍然存在着的体制，其自身已经发生了转变，转变的方式也许会让其奠基者感到愤怒。从长期来看，挫败革命冲动的是文化多元性的持久存在。1789年以来，由国家权力强加的理性主义的意识形态，以及信奉这一意识形态的知识分子和执政者，从来没有成功消除那些较少理性色彩的认同资源的作用，这类资源如习俗、
96 传统、宗教信仰、地区和地方忠诚，还有不同的语言。大革命的所有理性化步骤中，最雄心勃勃的大概是重新确定时间原点的努力，即以1792年9月共和国建立为时间的起点。月份被调整，并重新命名，七天一周被十天一“旬”取代。但这种革命历法从未流传开来，于共和十四年（1806年）末被拿破仑正式废弃。这是一个预兆：面对人的抵制或冷漠，很多其他的理性化计划也将失败。1980年代中期以来，随着苏东剧变和苏联解体，上述力量也随之恢复元气并重新出现。即使在20世纪共产主义从未取得胜利的国家，包括法国在内，去中央集权化和权力下放、承认语言多样性、放弃国家过于积极地承担或获取的义务，已经成为20世纪最后20年的鲜明特征。随着1989年二百周年纪念日的逐
97 渐远去，最初意在对大革命提出的持久价值观进行的颂扬，如今更像是一场葬礼。

第六章

位　置

1789年6月27日，英国评论家阿瑟·扬在巴黎写道：“整个事态看来已经结束了，革命已经完成。”人们将不断重述同样的话，一般来说话中的希望多于确信；他们这样说了十年，直到拿破仑于1799年12月正式宣告革命结束。即便是在那个时候，他的意思也完全在于终结法国一系列令人震惊的事件，不过在随后的16年中，他将继续向外输出这类事件。此外，大革命不纯粹是一系列毫无意义的动乱。其中涉及的原则和理念之间的冲突，将贯穿19世纪，并随马克思的共产主义在20世纪的胜利而再度复苏。因此，当历史学家弗朗索瓦·孚雷于1978年在一篇著名的论文的开头宣称“法国大革命已经结束（*terminée*）”时，很多法国知识分子仍然深感恼怒。

历史挑战

孚雷的意思是，大革命现在已经是，或应该是一个历史研究的课题，就像研究墨洛温诸国王的中世纪史专家（他的榜样）面

对其课题一样，应该超脱而平静地对待。不过，在20世纪的大部分时间里，法国人书写大革命史更像是纪念活动而非学术分
98 析；革命史的正统性为一系列共产党人或其同道者掌握，这些人占据着大学体制。孚雷的攻击与其个人的经历交织在一起。他虽是索邦大学的毕业生，但一直鄙视大学学界，他的职业生涯是在其竞争对手高等研究实践学院（即后来的高等研究院，简称EHESS）展开的。年轻时他曾是共产党员，但像其他很多人一样，1956年苏联入侵匈牙利让他幻灭了，他退了党。当他与另一名退党者丹尼斯·里歇于1965年写下一部新的革命史时，这个领域的著名专家们异口同声地将他们谴责为冒失的闯入者，没有资格研究这个课题；他们提出的解释认为，大革命发生了“侧滑”，这是在诋毁大革命在目标和方向上的本质一致性。到1978年，孚雷抛弃了这个看法，但并没有消除这个看法引起的敌意。在余下的岁月里（他于1997年去世），他将这场攻击进行到底，尤其是在二百周年的论战期间。就在那一年年底，他高兴地宣布，他赢了。

经典解释

被他打败的是什么呢？他称之为“雅各宾-马克思主义的圣经”。他的对手则称之为大革命的“经典”解释。其基本要点曾是（至今还是，因为虽然孚雷很得势，经典解释仍有支持者）确信大革命是一种进步的力量。作为启蒙运动的果实和辩护者，大革命以其坚定的民主政治行动，不仅要将法国人，而且要将整个人类从迷信、偏见、成规和不合理的社会不平等的桎梏中解放出来。这就是“雅各宾”的基石，它与1790年代无数的俱乐部

分子的说法没有什么不同。作为一种历史解释，它建立在19世纪那些革命传统的守护者的工作之上；最著名的守护者也许是儒勒·米什莱，他是位歌颂“人民”的启示录式的作者。雅各宾主义的观点自信满满，唯一让它苦恼的是恐怖，它并没有试图为恐怖开脱，只是认为恐怖是种残酷的必要，是国家防御的本能反应。 99

大约在19世纪和20世纪之交，这种历史学中的雅各宾主义开始获得新的政治意蕴。从1898年开始，伟大的左翼政治家让·饶勒斯开始创作《法国大革命的社会主义史》，强调大革命的经济社会维度，并引入了马克思主义的分析要素。马克思本人几乎没有撰写过有关法国大革命的文字，但是，要把一场以攻击贵族和封建主义为开端的运动，融入一种强调阶级斗争、强调资本主义与封建主义冲突的历史理论，是件非常容易的事。从这种观点来看，法国大革命是现代史的关键时刻：资本主义的资产阶级推翻了旧的封建贵族。因此，大革命的根本问题是经济社会问题。在饶勒斯写作自己的著作的同时，富有攻击性的青年职业历史学家阿尔贝·马蒂厄为恢复罗伯斯庇尔的名誉而开始了毕生的战斗；他认为，在罗伯斯庇尔的恐怖统治之下，未来社会主义的理念已经展现出清晰的“先兆”。马蒂厄准备用自己的观点给整个大革命史学打上烙印；他作为一个法国人的热忱，从1917年起因俄国布尔什维克革命的榜样和启示而倍增，后者看来是要复活在1794年被背叛的许诺。罗伯斯庇尔的美德共和国将在列宁的苏维埃联盟复活。马蒂厄虽然只是短期内参加了共产党，但他建立了一个与此呼应的、属于自己的历史党派，这就是“罗伯斯庇尔研究会”。这个研究会的杂志《法国大革命历史年鉴》至今仍是专门研究大革命的主要法语期刊。从马蒂厄去世的1932年直到孚雷崭露头角，这个研究会及其成员支配着法国的大革命教学和写作——除了维希政权让它陷于沉默的那几年，它一系列的主要人物占据着索邦大学的大革命史讲席。孚雷发起论战时处于这个使徒名单上的人是终生的共产党人阿尔贝·索布尔（1982年去世），他很自然地把那些徒劳地泼向他
100 自己信念的脏水称为“修正主义”。

修正主义

但修正主义并非始于孚雷。它起源于1950年代的英语世界——在英国是阿尔弗雷德·科班，在美国是乔治·泰勒。在19世纪的英语文化中，很多伟大的思想者曾为法国大革命和拿破仑着迷，但在20世纪上半叶，这一兴趣流失了。一小批仍被这个课题吸引的历史学家对法国影响很小，他们在法国几乎不被承认。但是，第二次世界大战后，当西方民主制在国内外都受到马克思主义的挑战时，将近代史上的一些伟大片段从偏见和歪曲中解救出来就显得十分紧迫。科班和泰勒都决心与他们所称的法国“正统论”正面交锋。科班声称，1789年的革命者是资本主义的代言人一说是个谎言；摧毁旧制度的议员是官职所有人和地主。此外，泰勒论证说，革命前的大部分财产是非资本主义的；而且，就算存在这种资本主义，它对摧毁旧秩序也不感兴趣。实际上，这一摧毁工作远非扫清制约富有进取心的资产阶级的障碍，它是一场经济灾难，驱使所有人将资金投向土地。这些批判提出的问题涉及面很广，随后的1960至1970年代，英语国家的新一代学者根据这些线索的提示，沉入法国的档案馆以检验

这类新假设。到1980年代，他们已基本摧毁有关大革命起源的经典解释的经验论基础，及其思想上的一致性。

法国人一开始对“盎格鲁-撒克逊人”仍抱有延续已久的鄙视，将泰勒和科班视作冷酷的斗士，认为他们对柏克读得太多，唯一的愿望就是诋毁大革命，将革命贬低为对西方资产阶级霸权的持续威胁。但是，当孚雷和里歇从狭隘的法语文化世界的内部对经典解释发起挑战时，罗伯斯庇尔主义者被迫进行防御。101
孚雷的英语没有问题，他在1970年代初开始将外国学者的发现和观点融入自己的解释中；他的解释的另一个来源是阿列克西·德·托克维尔（1859年去世），这位法国人在法国曾长期被忽视，但在英语世界很受重视。托克维尔认为，大革命意味着民主和平等的到来，但非自由的来临。拿破仑和他的侄子——这位出身古老世家的贵族很不喜欢他们——已经表明，独裁何以能在民主制的支持下建立起来，因为大革命已经扫荡了所有曾保障自由精神存活的制度，这些制度曾约束着国家权力的无情扩展。这些洞见让孚雷确信，大革命根本不是偏离正轨之后才走向恐怖。恐怖的可能从革命一开始就注定了：就在宣布民族主权原则、不承认民族共同体内部存在合法的利益冲突的时刻。尽管有各式各样的自由高调，大革命并不比旧君主制更能容忍反对派，现代极权主义可以在1789年和1794年找到源头。

后修正主义

这已经不只是修正主义了。科班、泰勒及追随他们的人，基本上是经验主义者；他们以新的证据削弱了经典解释那种笼统的社会经济论证，但他们很少想去建立新的宏大概论。他们所坚持的主要是：可以从政治、偶然性甚至意外等角度，对大革命进行更有说服力的解释。本书头几章所采用的基本是这种方法。但此类建议无法让更有抱负的人满意。当孚雷以大革命必然走向恐怖的立场和信念去描绘它时，其他人——主要在美国——以文化的视角寻求对革命行为作更为充分的解释。他们
102 认为，1770至1789年的政治冲突中出现的众多“话语”，很大程度上为革命者毫不妥协的语言和主张奠定了基础。他们借用德国左翼哲学家尤尔根·哈贝马斯的思路，认为在大革命之前一代人的时期内，公共舆论脱离了国王的控制，在这一过程中，对君主制的尊重和敬畏逐渐消失了。孚雷觉得这种解释趋向甚至比早期的修正主义更为合适，于是他花在国外会议上、在美国逗留的时间越来越长，在这些场合下，致力于文化研究视角的又一代年轻学者已经把修正主义的胜利视为昨日的战斗。到1987年，这一潮流凝结为一个新的派别，并被贴上后修正主义的标签。

二百周年

用以反驳经典解释的论说，至少有其内在一致性和可理解性。而后修正主义的“语言转向”日益受哲学家和文学理论家的影响，其著作十分晦涩，专业圈子外的读者很难理解。因此，当法国的社会党总统提前好几年发布命令，要求1989年的大革命二百周年必须被庆祝时，他将庆祝活动的学术工作委托给索布尔在去世前不久所说的“我们优良的古老传统”的捍卫者，后者仍然地位牢固。索布尔在索邦大学的继承人米歇尔·伏维尔被赋予协调全球性学术纪念活动的使命。他工作得十分努

图11　学者的重负：评论者对大革命二百周年纪念的反应（《每日电讯报》，1989年6月3日）

力，以至于最后医生们劝告他别干下去了。但从学术方面来说，二百周年就像更具公众色彩的活动一样，根本无法控制。尽管伏维尔和孚雷都在各个大陆参与巡回研讨会，但他们从未同时出现在一个讲坛上，孚雷及其追随者还抵制了伏维尔当年在巴黎举办的规模最大的会议。这很难说是孚雷在1978年似乎曾号
103 召的学术中立立场。作为一个容易引起党派偏狭情绪的课题，大革命显然远没有结束，甚至对那些声称它已经结束的人来说也是如此。

实际上，二百周年触发了成批的詈骂风格的著作问世，它们大多谴责大革命的某个方面，或谴责其遗产。在法国，为旺代叛乱者辩护的声音特别响亮；在大革命期间，这些叛乱者曾是法国国内最坚定的敌人，因而也成为最野蛮的镇压的受害者。虔诚的农民曾长期被斥为迷信的狂热分子，如今，他们在游击战中的英雄主义被深情地记录下来。天主教教士们提醒其教民，现代渎神论是从什么时候开始的。与此同时，在英语世界，数百场学术会议在梳理整整一代人的学术争论，而出版商和媒体也觉得有必要以某种方式来纪念一下二百周年；那年的一个轰动事件是西蒙·沙马的《公民》的出版，这是一本关于大革命的大部头的"编年史"，但它几乎完全忽略了历史争论，其兴趣仅在于讲述一段多姿多彩且可怕的故事。全书的主旨是，进行革命是件荒唐事——幸好当时东欧人挑战苏联各卫星政权的尝试遭受挫折。不过，在沙马那种狄更斯式的叙述背后，还是有某种思想立场的，它基本上与孚雷的立场一样。这本书中最有名的一句话声称，恐怖只是给1789年带来了更高的人口死亡统计，而"暴力……不仅仅是一个不幸的副产品……它就是大革命的集体力

量的源泉。正因为如此，大革命才成其为革命”。沙马的故事在1794年随着罗伯斯庇尔倒台和恐怖的终结戛然而止，这一点意味深长。

大革命的经典解释者们最爱引用的祷文之一，出自第三共和国政治家乔治·克列孟梭，他在歌颂第一共和国的成就时说，大革命是一个整体（*bloc*）。应该完整地接受大革命的一切，包括恐怖在内。大革命不能被分解。修正主义强调偶然、意外，以及面对这些事件时切实存在的选择，如此则有其他所指—— 105
年轻的孚雷在和里歇一起谈论大革命的侧滑时，就是这种情况。只有像那个时代的人那样，在对即将到来的恐怖毫无意识的前提下去认识历史，弑君、非基督教化和断头台才不会给它们此前的历史投下阴影，亦不会覆盖其后发生的一切。然而，后修正主义者对这一视角背过身去。他们强调，文化限制因素决定着什么是历史行动者能够或不能够行动或思考的，从而开辟了一条通往决定论的道路，这种决定论与经典史学家的决定论并无不同，后者强调经济社会因素，而当时正是马克思主义影响的全盛期。孚雷在强调大革命从一开始就酝酿出恐怖时，便将恐怖视为判断这场运动的全部意义的关键问题。实际上，对于形形色色的后修正主义者来说，大革命仍然是一个整体，就和那些他们声称已经击败了的对手的看法一样。

当然，这是一种新的整体。后修正主义强调恐怖的中心地位，这促使人们不仅全面谴责大革命，而且谴责任何纪念它的行动；不过与此同时，正如密特朗期待的那样，整个法国仍然到处是纪念人权诞生二百周年的庆典活动。伏维尔则一再重申，他对左翼价值观的信念可追溯到雅各宾主义，不过他拒绝承认与孚雷有任何形式的争论，只是温和地评论说，学术研究对任何观点开放。但是，除了少数坚定的共产党人，一度占支配地位的经典传统的支持者们，已从二百周年的历练中有所体会。1990年代，《法国大革命历史年鉴》开始小心翼翼地刊登非罗伯斯庇尔学会成员的论文，并且开始评论他们的著作，而不是简单地加以斥责。马蒂厄、索布尔和伏维尔的教席上，如今已是一位研究旺代的史学家。①自孚雷去世以来，有关雅各宾主义的一些新的同情性分析开始出现，但它们还是太急切地去否认这个看法：恐怖属于雅各宾主义的主流部分。然而，最沉重的打击不是来自学界的
106 修正主义者和后修正主义者，而是来自苏联令人震惊的垮台。

梦想的终结？

至少从赫鲁晓夫1956年批判斯大林以来，人们不断意识到，苏联曾采取各种暴力手段。不过，在苏联表面看来仍很繁荣强大的日子里，人们可以争辩说，它的意识形态很管用，为了保障人民民主，过去的血腥行为是值得付出的一笔代价。同样的论说也曾用来证明1793至1794年恐怖的合理性，后来的亲雅各宾史学家们也曾这样做。但戈尔巴乔夫的统治表明，苏联这座宏伟大厦已难以支撑，也难以维系在东欧的姊妹共和国，此时幻觉便冰消瓦解了。70年来，这个政权承载着自罗伯斯庇尔倒台以来一再受挫的希望和梦想，但很难说它更加成功；跟深受它和它的朋友们尊敬的原型政权比起来，它付出的生命代价要沉重得多。如果这些政权是法国大革命真正的继承人，那么托克维

① 指索邦大革命史研究所原所长让-克莱芒·马丁，他自2000年开始担任所长，现已卸任。——译注

尔和孚雷的看法就是正确的：大革命的意义不在于增进自由，而在于扩张国家权力。对理性化国家的美好前景的信念，是启蒙运动的第一个，也许是最后一个幻觉；从这个意义上说，法国大革命，以及随后二百年中的所有其他革命，都是其真正的继承人。当西方的历史学家在为如何，甚至是否纪念大革命的第二个百年而争吵时，这个幻觉已经消失了。

当然，极权主义人民民主并不是1790年代首次得胜的思想方式的唯一遗产。弗朗索瓦·密特朗在二百周年之际庆祝人权的决定，不只是一个注定失败的要将大革命的记忆同恐怖分离开的步骤。它同时也是在承认，人权意识形态比以前更为重要。独裁和屠杀的政权不能独占大革命的遗产。在现代宪政民主之 107
下，公民的民事和政治权利得以保障，其生活机会在法律面前是平等的，在革命的遗产中，他们可以发现有很多东西是可以庆祝的。法国大革命的抱负十分宏大，革命之后的几乎所有人都能发现在其中有某些东西可以赞赏，或可以悲叹。大革命发起的战斗并非全都结束了。如果说苏联的崩溃可以视为雅各宾派的失败，欧洲联盟看起来则很像一个吉伦特派的计划：把1789年的自由果实传播到整个欧洲。反过来说，这种理想遇到了民族主义本能反应的抵制，其中大多数的抵制首先是由来自革命法国的挑战而激发起来的。1987年，在二百周年的全部象征意义显现出来之前，一位杰出的文学批评家这样写道：“对1789年的某些主要后果的最苍白的列举”，

> 可以让人更加意识到，我们今天认识的这个世界……是法国大革命酝酿的各种倒影、政治设想和结构、话语公设

构成的复合体。事实胜于雄辩，法国大革命有其后续效应，这个星球上其他地方经常出现模仿性的革命运动和斗争，它是基督教创立以来又一个关键的历史－社会时期……时间本身，或曰过去历史的周期，看来有了第二个开端……1789年一直延续至今。

——G.斯坦纳，《反革命面面观》，载G.贝斯特编《永恒的革命》

不过，最后一句话或许可以留给本书一开始时的那位作者。欧内斯特·沃辛说："我亲爱的阿尔吉，全部的真理都是纯粹而简单的。"他的朋友回答说："真理很少是纯粹的，而且绝不是简
108 单的。"

法国大革命大事年表

大革命之前

1756—1763	七年战争
1770	未来的路易十六同玛丽·安托瓦内特结婚
1771—1774	莫普改组高等法院
1774	路易十六登基。解除莫普的职务
1776	美国《独立宣言》；内克进入政府
1778	法国介入美国独立战争。伏尔泰和卢梭去世
1781	内克辞职
1783	《巴黎和约》；卡隆担任财政大臣
1787	缙绅会议
1788	8月8日，决定1789年召集三级会议
	8月16日，国库暂停支付
	10—12月，第二届缙绅会议
	12月27日，第三等级代表数倍增

大革命时期

1789　2—6月，三级会议选举

2月，西耶斯出版《什么是第三等级？》

5月5日，三级会议召开

5月17日，国民议会宣布民族主权[①]

109　5月20日，网球场宣誓

5月27日，三个等级最终合一

7月14日，巴士底狱陷落

7月，农村“大恐慌”

8月4日，废除封建制、特权和官职买卖

8月26日，《人权和公民权利宣言》

10月5—6日，“10月的日子”：妇女向凡尔赛宫进军，国王和议会迁到巴黎

11月2日，教会财产国有化

12月12日，发行指券

1790　2月13日，修道誓愿被禁止

5月22日，放弃对外征服

6月19日，废除贵族制

7月12日，《教士公民组织法》

8月16日，废除高等法院

11月27日，教士效忠宣誓

11月，柏克发表《法国革命论》

1791　3月，潘恩发表《人权论》

① 这个日期以及以下两个日期中，5月应为6月。原著有误。——译注

3月2日，解散行会

4月13日，教宗谴责《教士公民组织法》

5月14日，《勒沙普利埃法》禁止组织工会

6月20—21日，瓦雷讷逃亡

7月16日，路易十六恢复原职

7月17日，马尔斯校场屠杀

8月14日，圣多明各奴隶起义

8月27日，《皮尔尼茨宣言》

9月14日，路易十六接受宪法

9月30日，制宪议会解散

10月1日，立法议会召开

12月19日，路易十六否决惩处流亡贵族和未宣誓教士的法令

1792 4月20日，对奥地利宣战

4月25日，首次使用断头台

6月13日，普鲁士对法国宣战

6月20日，无套裤汉攻入王宫 110

6月30日，联盟派高唱《马赛曲》进入巴黎

8月10日，推翻君主制

9月2—6日，九月大屠杀

9月20日，瓦尔密战役，法军首次获胜

9月21日，国民公会召开

9月22日，宣布成立共和国

11月19日，宣布对所有“试图恢复其自由”的人民提供友爱和帮助

12月3日和26日，审判路易十六

1793 1月16日，判处路易十六死刑

1月21日，国王被处决

2月1日，对英国和荷兰开战

3月11日，旺代叛乱开始

3月19日，法军在比利时的尼尔文登战败

4月6日，救国委员会成立

5月31日—6月2日，清洗吉伦特派

6月，“联邦主义者叛乱”发酵

7月13日，马拉遇刺

7月27日，罗伯斯庇尔加入救国委员会

8月23日，发布“总动员令”

8月27日，土伦军港向英国人投降

9月5日，无套裤汉迫使国民公会宣布恐怖为当日口令

9月29日，全面最高限价令

10—12月，非基督化运动

10月5日，确立革命历法

10月9日，里昂向国民公会的部队投降

10月16日，玛丽·安托瓦内特被处决

10月31日，吉伦特派被处决

12月19日，土伦陷落

12月23日，旺代叛军在萨维奈被击败

1794 2月4日，废除奴隶制

3月24日，处决埃贝尔派

4月5日，处决丹东派

6月8日，最高主宰节

6月10日，牧月22日法令，巴黎“大恐怖”开始

7月27—28日（热月9—10日），罗伯斯庇尔倒台，恐怖结束

8—12月，“热月反动”

9月18日，共和国拒绝信奉任何宗教

11月12日，雅各宾俱乐部被关闭

12月24日，入侵荷兰共和国

1795 4月1—2日，无套裤汉芽月起义

5月20—23日，无套裤汉牧月起义

6月8日，路易十七去世

6月24日，路易十八发布《维罗纳宣言》

6月27日—7月21日，流亡者在基伯龙湾登陆

8月22日，共和三年宪法及三分之二条款通过

10月1日，兼并比利时

10月5日，巴黎葡月暴动：“霰弹雨”

11月2日，督政府就职

1796 2月19日，废除指券

4月11日，波拿巴入侵意大利

5月10日，逮捕巴贝夫和平等派密谋者

1797 4月18日，波拿巴强迫奥地利人签署莱奥本预备和约

6月29日，山南共和国成立

9月4日，果月政变，清洗议会和督政府

9月30日，三分之二债务破产

10月18日，《康博福米奥和约》结束大陆战事

1798　2月15日，罗马共和国宣告成立

5月11日，花月政变，选举结果被宣布无效

5月19日，波拿巴起航前往埃及

5月21日，爱尔兰起义

8月1日，尼罗河战役，波拿巴在埃及陷入孤立

9月5日，茹尔当的法案规定普遍兵役制

1799　1月26日，那不勒斯宣布成立帕特诺普共和国

112　3月12日，奥地利宣战：第二次反法同盟战争

4月10日，教宗庇护六世被带到法国

6月18日，牧月政变，清洗督政府

8月22日，波拿巴离开埃及

8月29日，庇护六世去世

10月9日，波拿巴在法国登陆

11月9—10日，雾月18—19日政变，波拿巴掌权

12月25日，执政府宪法颁布

1800　6月14日，第一执政在马伦哥击败奥地利人，随即与新教宗庇护七世进行谈判

12月3日，霍恩林登战役，最终击溃奥地利人

1801　7月16日，签署《教务专约》

1802　3月27日，英国签署《亚眠和约》。结束法国大革命战争

4月18日，颁布《教务专约》

大革命之后

1804	颁布《民法典》
1804	拿破仑加冕，第一共和国告终
1806	神圣罗马帝国解体
1808	废黜西班牙波旁王朝
1812	拿破仑入侵俄国，从莫斯科撤退
1814—1815	第一次波旁复辟
1815	3月20日—6月22日，“百日王朝”
	6月18日，滑铁卢，拿破仑最终战败
1815—1830	复辟王朝
1821	拿破仑死于圣赫勒拿岛
1830	6月[1]，1830年革命
1830—1848	七月王朝：路易-菲利普在位
1835	毕希纳创作《丹东之死》
1836	卡莱尔发表《法国大革命史》
1840	拿破仑的遗骨回归法国
1848	2月，1848年革命
	12月，路易-拿破仑·波拿巴当选总统
1848—1852	第二共和国
1852—1870	第二帝国，拿破仑三世在位
1856	托克维尔发表《旧制度与大革命》
1859	狄更斯发表《双城记》
1870	普法战争；拿破仑三世退位

① 应为7月。——译注

1871	巴黎公社
1873—1940	第三共和国
1905	政教分离
1917	俄国革命
1940—1944	维希政权
1944—1958	第四共和国
1958	第五共和国建立
114 1989	法国大革命二百周年

革命历法

1793年10月设立，回溯至9月22日，即宣布成立共和国的纪念日；官方使用这一历法直至1806年。该历法中月份由法布尔·戴格朗丁命名，目的在于让人联想起季节，但其翻译并不容易。不过，当时一些刻薄的英国人把它们译为：Slippy，Nippy, Drippy; Freezy, Wheezy, Sneezy; Showery, Flowey, Bowery; Heaty, Wheaty, Sweety。共12个月，每月30天，余下的5天最初称为无套裤汉日，但督政府时期改称补充日。下表为革命历与格里高利历的对照：

月份	革命年			
	II	III	IV	V
葡月1日	1793年9月22日	1794年9月22日	1795年9月23日	1796年9月22日
10日	1793年10月1日	1794年10月1日	1795年10月2日	1796年10月1日
20日	11日	11日	12日	11日
雾月1日	22日	22日	23日	22日
10日	31日	31日	1795年11月1日	31日
20日	1793年11月10日	1794年11月10日	11日	1796年11月10日
霜月1日	21日	21日	22日	21日
10日	30日	30日	1795年12月1日	30日
20日	1793年12月10日	1794年12月10日	11日	1796年12月10日
雪月1日	21日	21日	22日	21日
10日	30日	30日	31日	30日
20日	1794年1月9日	1795年1月9日	1796年1月10日	1797年1月9日
雨月1日	20日	20日	21日	20日
10日	29日	29日	30日	29日
20日	1794年2月8日	1795年2月8日	1796年2月9日	1797年2月8日
风月1日	19日	19日	20日	19日
10日	28日	28日	29日	28日
20日	1794年3月10日	1795年3月10日	1796年3月10日	1797年3月10日
芽月1日	21日	21日	21日	21日
10日	30日	30日	30日	30日
20日	1794年4月9日	1795年4月9日	1796年4月9日	1797年4月9日
花月1日	20日	20日	20日	20日
10月	29日	29日	29日	29日
20日	1794年5月9日	1795年5月9日	1796年5月9日	1797年5月9日
牧月1日	20日	20日	20日	20日
10日	29日	29日	29日	29日
20日	1794年6月8日	1795年6月8日	1796年6月8日	1797年6月8日
啬月1日	19日	19日	19日	19日
10日	28日	28日	28日	28日
20日	1794年7月8日	1795年7月8日	1796年7月8日	1797年7月8日
热月1日	19日	19日	19日	19日
10日	28日	28日	28日	28日
20日	1794年8月7日	1795年8月7日	1796年8月7日	1797年8月7日
果月1日	18日	18日	18日	18日
10日	27日	27日	27日	27日
20日	1794年9月6日	1795年9月6日	1796年9月6日	1797年9月6日
补充日1日	17日	17日	17日	17日
5日	21日	21日	21日	21日
6日		22日		

VI	VII	VIII	IX
1797年9月22日	1798年9月22日	1799年9月23日	1800年9月23日
1797年10月1日	1798年10月1日	1799年10月2日	1800年10月2日
11日	11日	12日	12日
22日	22日	23日	23日
31日	31日	1799年11月1日	1800年11月1日
1797年11月10日	1798年11月10日	11日	11日
21日	21日	22日	22日
30日	30日	1799年12月1日	1800年12月1日
1797年12月10日	1798年12月10日	11日	11日
21日	21日	22日	22日
30日	30日	31日	31日
1798年1月9日	1799年1月9日	1800年1月10日	1801年1月10日
20日	20日	21日	21日
29日	29日	30日	30日
1798年2月8日	1799年2月8日	1800年2月9日	1801年2月9日
19日	19日	20日	20日
28日	28日	1800年3月1日	1801年3月1日
1798年3月10日	1799年3月10日	11日	11日
21日	21日	22日	22日
30日	30日	31日	31日
1798年4月9日	1799年4月9日	1800年4月10日	1801年4月10日
20日	20日	21日	21日
29日	29日	30日	30日
1798年5月9日	1799年5月9日	1800年5月10日	1801年5月10日
20日	20日	21日	21日
29日	29日	30日	30日
1798年6月8日	1799年6月8日	1800年6月9日	1801年6月9日
19日	19日	20日	20日
28日	28日	29日	29日
1798年7月8日	1799年7月8日	1800年7月9日	1801年7月9日
19日	19日	20日	20日
28日	28日	29日	29日
1798年8月7日	1799年8月7日	1800年8月8日	1801年8月8日
18日	18日	19日	19日
27日	27日	28日	28日
1798年9月6日	1799年9月6日	1800年9月7日	1801年9月7日
17日	17日	18日	18日
21日	21日	22日	22日
	22日		

索 引

（条目后的数字为原书页码，见本书边码）

A

B

C

D

E

F

K

L

M

N

O

P

索引

Q

R

S

索引

T

U

V

W

Y

William Doyle

THE FRENCH REVOLUTION

A Very Short Introduction

Preface

To produce a very short book about a subject on which one has written at varying lengths before is more of a challenge than it might seem. We can all think of people who have 'written the same book' several times over in different forms; and we all dread becoming like them. So I have not set out primarily to retell a familiar story, although anything calling itself an introduction must to some extent do that. My concern has been much more to discuss why the French Revolution mattered, and has continued to matter in innumerable ways in the two centuries since it occurred. The whole story of the Revolution, both as a series of late eighteenth-century events and as a set of ideas, images, and memories in the minds of posterity, is a powerful argument for the importance of history, as well as a striking example of its complexity. Whether it will remain as relevant for understanding the twenty-first century as it was for the nineteenth and twentieth is perhaps, as a Chinese sage is reputed to have observed, too early to say.

The first time I studied the French Revolution seriously was in my final year as an undergraduate. It was lit up by the providential appearance of Norman Hampson's *Social History of the French Revolution*. I am not surprised that it is still in print as its author enters his eightieth year. Later it was my privilege to be Norman's colleague at York. In gratitude for that, and the years of friendship since, I dedicate this book to him. I hope he will not find association with a work slighter than any of his own the least welcome of what are sure to be many birthday presents.

William Doyle, Bath, 8 April 2001

Contents

List of illustrations

1. Louis XVI: The absolute monarch in all his glory.

Chapter 1
Echoes

'Mr Worthing,' says Lady Bracknell in *The Importance of Being Earnest* (1895), 'I feel somewhat bewildered by what you have just told me. To be born, or at any rate bred, in a handbag, whether it had handles or not, seems to me to display a contempt for the ordinary decencies of life that reminds one of the worst excesses of the French Revolution. And I presume you know what that unfortunate movement led to?'

Presumably Mr Worthing did. Every person of good general knowledge in the nineteenth century knew something about the great upheaval which had marked the last years of the eighteenth. Serious Victorians would have felt it a duty to instruct themselves about what had happened in France, and why, in and after 1789; and how the ensuing turmoil had been brought to an end only by the generation-long 'Great War' against Napoleon which had marked the lives of their parents or grandparents. Mr Worthing, nibbling his cucumber sandwiches and dreaming of marrying Lady Bracknell's daughter, would not have been so curious. But probably even he would have had some idea of what the worst excesses of the French Revolution had been, and of how they had affronted life's ordinary decencies. He would have known that there had been a popular uprising leading to mob rule, the overthrow of monarchy and persecution of the nobility. He would have known that the chosen instrument of revolutionary vengeance was the guillotine, that relentless mechanical decapitator which made the streets of Paris run with royal and aristocratic blood. The creator of Mr Ernest Worthing and Lady Bracknell (her ancestors, had they been French, could scarcely have hoped to avoid the dread instrument . . .) ended his days in morose exile in Paris. There, Oscar Wilde was surrounded by symbols and images deliberately designed by the rulers of the Third Republic to evoke the memory of the First, the Revolution's creation. The coinage and public buildings were emblazoned with the slogan *Liberty, Equality, Fraternity*. On festive occasions the streets fluttered with red, white, and blue bunting, the colours of the tricolour flag adopted by the French Nation in 1789. On 14th July each year a national festival celebrated the fall on that day in 1789 of the Bastille, a forbidding state prison stormed and then levelled by the people in the name of liberty. At such moments of public jubilation French patriots sang the *Marseillaise*, the battle hymn of a war against tyranny launched in 1792. And undoubtedly the greatest sight in Paris when Wilde lived there was the world's tallest building, the Eiffel Tower, the centrepiece of a great exhibition which had marked the Revolution's first centenary in 1889.

Nobody who lived in France, or visited it, could avoid these echoes; or echoes of Napoleon, who had marched under the tricolour, had tamed and harnessed the energies unleashed by the Revolution, and whose nephew Napoleon III had ruled for 22 years before the Third Republic was established. Nobody who knew anything of France even at second hand (if only through learning what was still the first foreign language of choice throughout most of the world) could fail to imbibe some sense that this country had been marked by a traumatic convulsion only just beyond living memory. Many believed, or felt, that this must have been for the best and somehow necessary. Everybody knew and was shocked by the story of how Queen Marie-Antoinette, guillotined amid popular jubilation in 1793, had said 'Let them eat cake' when told that the people had no bread. (Everybody knows it still, and nobody cares that it was an old story even before she was born, heard by Jean-Jacques Rousseau as early as 1740.) New nations have been proud to proclaim their emancipation, or to anticipate it like the patriots of Brussels in

1789, or Milan in 1796, by adopting tricolour flags. This banner of liberty still flies from Rome to Mexico City, from Bucharest to Dublin. Poles, who first sang the *Marseillaise* in 1794 as they resisted the carve-up of their country, sang it again in 1956 in revolt against Soviet tyranny. Few countries have failed to experience some sort of revolution since 1789, and in all of them there have been people looking back to what happened in France then and subsequently for inspiration, models, patterns, or warnings.

Cross-Channel perspectives

Most detached from all this have been the world's English-speaking countries. Their last revolutions, except in Ireland, took place before 1789, and even English-speaking contemporaries who sympathized with the French saw them as catching up with liberties proclaimed in England in 1688, or America in 1776. In any case such sympathizers were always in a minority. The mould for most English-speaking attitudes was cast as early as 1790, some years before the Revolution's 'worst excesses', by Edmund Burke's *Reflections on the Revolution in France*. Outraged at the claims of reformers that the French were merely carrying on the work of the 'Glorious' British revolution of 1688 and the American rebels whose cause he had supported in the 1770s, Burke asserted that the French Revolution was something entirely new and different. Earlier revolutions in the anglophone world had sought to preserve a heritage of liberty from attack. By the new French standards, indeed, they had not been revolutions at all; for the French were seeking to establish what they called liberty by wholesale destruction. With caution, and respect for the wisdom of their ancestors, they might have corrected the few and venial faults of their former institutions, and come to run their affairs as freely and peaceably as the British ran theirs. But they had chosen to follow the untried dreams of rationalizing, self-styled 'philosophers' who had sapped faith in monarchy, the social order, and God Himself.

The result had been anarchy and the envious rule of the 'swinish multitude'. Burke predicted worse to come, and foretold that it would take a military dictatorship to end it all. Even he did not foresee how bloody matters would become, but he was right about the eventual triumph of a general. Burke came, therefore, to be revered as a prophet as well as a critic; even if the superiority of the British over the French way of doing things seemed only to be fully vindicated 18 years after his death, on the field of Waterloo.

But the French were incorrigible, and in 1830 the tricolour was unfurled again over a new, though briefer, Parisian revolution. Why had it come back to haunt the future? As the generation that had made or experienced the original cataclysm died away, historians began to appropriate it for analysis. Most of them are now forgotten, and the one who is not commands little respect among later practitioners of his craft. But Thomas Carlyle did more than anyone else to fix the popular idea of what the French Revolution was like. In his wild, inimitable style, *The French Revolution. A History* (1837) painted a vision of mindless and vengeful chaos. He did not follow Burke in trying to defend the ancien régime, the order that the revolutionaries destroyed. He thought it was rotten, and deserved its fate. While courtiers minced, and windbags prated, the hungry masses brooded on their oppression: 'unspeakable confusion is everywhere weltering within, and through so many cracks in the surface sulphur-smoke is issuing.' The Revolution was an explosion of popular violence, understandable if scarcely defensible resentment. Those who attempted to lead or guide it were mostly simpletons or scoundrels, all to be pitied for their presumption. The most frightful figure of all was Robespierre, who tried to rule through terror, and who was now fixed forever in non-French minds as the 'sea-green incorruptible' (in reference to his complexion as well as to his power). He sent his victims to their fate, and finally followed them there himself in tumbrils (a half-forgotten word for a tipping cart, never afterwards used except in this context). 'Red Nightcaps howl dire approval' as the tumbrils pass: this means sansculottes, men who did

2. Cross-Channel contrasts as seen from London by the caricaturist James Gillray in the 1790s.

not wear aristocratic kneebreeches but flaunted their patriotism with red caps of liberty. They and their screaming womenfolk were driven on by visceral lust for social revenge. Carlyle only recognized three men as capable of directing these forces of nature. One was Mirabeau, whose death in 1791 left his promise unfulfilled. Another was Danton, who saved France with his energy from foreign invasion in 1792, but was engulfed two years later by the terror: 'with all his dross he was a Man; fiery-real, from the great fire-bosom of Nature herself.' (At the time of Carlyle's writing, Georg Büchner was presenting German speakers with *Dantons Tod* [*Danton's Death*, 1835], a play in which Danton is depicted as too heroic a figure for the petty beings like Robespierre who combined to kill him.) Finally there was Napoleon, who brought the army into politics in 1795, ending the last Parisian insurrection with a 'whiff of grapeshot'.

Dramatic depictions

The idiosyncratic vigour of Carlyle's writing leaves an impression of years of ceaseless turmoil, with blood and violence, merciless 'sansculottism', and baying mobs a daily sight. It was irresistibly dramatic. But Carlyle also had an eye for the pathos of innocent victims falling prey to forces men could not control. Even Robespierre receives a twinge of sympathy as he rumbles towards the guillotine in his new, sky-blue coat. The book thrilled and appalled its readers, and it sold, as well as read, like a novel. Novelists themselves admired it, and none more so than Charles Dickens.

Dickens' *A Tale of Two Cities* (1859), in fact, offered by far the most influential image that posterity has of the French Revolution. From Burke it took one of its underlying themes – the contrast between turbulent, violent Paris and safe, tranquil, and prosperous London. But Dickens' most obvious guide and inspiration was Carlyle. From him comes the lurid picture of a cruel and oppressive old order, a world of 'rapacious licence and oppression', where harmless and innocent victims can be confined by the whims of the powerful to years of imprisonment without trial in the grim and forbidding Bastille; where a nobleman can think the life of a child killed under the wheels of his coach can be paid for by a tossed gold coin. Worthless authorities rule over a wretched and poverty-stricken population aching with social resentment, in which Madame Defarge, impassively and implacably knitting, plans for the moment when revenge can be visited on her family's noble oppressors. The Revolution provides that moment: '"The Bastille!" With a roar that sounded as if all the breath in France had been shaped into the detested word, the living sea rose, wave on wave, depth on depth, and overflowed the city to that point. Alarm bells ringing, drums beating, the sea raging and thundering on its own beach, the attack begun.' Madame Defarge helps to lead it: '"What! We can kill as well as the men . . . !" And to her, with a shrill thirsty cry, trooping women variously armed, but all armed alike in hunger and revenge.' This turmoil goes on for years, but by 1792 the instrument of vengeance is the guillotine. Madame Defarge and her fellow Furies now knit around the scaffold, counting victims with their stitches. France is peopled with 'patriots in red caps and tricoloured cockades, armed with national muskets and sabres', sullen and suspicious, who instinctively curse all 'aristocrats'. 'That a man in good clothes should be going to prison, was no more remarkable than that a labourer in working clothes should be going to work.' By the beginning of 1794,

> Every day, through the stony streets, the tumbrils now jolted heavily, filled with the condemned. Lovely girls, bright women, brown-haired, black-haired, and grey; youths, stalwart men and old; gentle born and peasant born, all red wine for La Guillotine, all daily brought into light from the dark cellars of the loathsome prisons, and carried to her through the streets to slake her devouring thirst. Liberty, equality, fraternity, or death – the last, much the easiest to bestow, O Guillotine!

And although the French aristocrat Charles Darnay escapes, and his persecutor Madame Defarge is killed before she can pursue him, the book concludes with the English lawyer Sydney Carton sacrificing himself on the scaffold to her vengeance.

These images, intertwined with a powerfully crafted and heart-rending story, defined the French Revolution for Oscar Wilde's generation. For the next, and for the whole twentieth century, they were reinforced by the lesser talents of Mrs Montague Barstow, who dubiously capitalized on her birth in remote Hungary to call herself Baroness Orczy. *The Scarlet Pimpernel* (1905) and its later sequels chronicled the adventures of a foppish English knight, Sir Percy Blakeney, who led a double life rescuing innocent aristocrats from the guillotine by spiriting them, in various disguises, across the Channel to safety. But gone were the nuances found in Dickens. While the people of Paris remained 'a surging, seething, murmuring crowd, of beings that are human only in name, for to the eye and ear they seem naught but savage creatures, animated by vile passions and by the lust of vengeance and of hate', their victims, 'those aristos . . . all of them, men, women and children who happened to be descendants of the great men who since the Crusades had made the glory of France' were objects of pity, and in no way responsible for the supposed oppression of their ancestors. The whole episode was pure blood lust, successfully defied only by the efforts of 'that demmed elusive Pimpernel' and his intrepid band of secret agents, all English gentlemen. There is little hint in Orczy, unlike Carlyle or Dickens, that the old order had earned the fate that had befallen it. There is simply regret for 'beautiful Paris, now rendered hideous by the wailing of the widows, and the cries of the fatherless children'.

> The men all wore red caps – in various styles of cleanliness – but all with the tricolour cockade . . . their faces now invariably wore a look of sly distrust. Every man nowadays was a spy upon his fellows: the most innocent word uttered in jest might at any time be brought up as a proof of aristocratic tendencies, or of treachery against the people. Even the women went about with a curious look of fear and of hate lurking in their brown eyes, and all watched . . . and murmured . . . 'Sacrés aristos!'

Twentieth-century parallels

The Scarlet Pimpernel began as a successful play, and was regularly re-adapted for stage and screen throughout the twentieth century. So was *A Tale of Two Cities*. The scope offered by both for costume drama was too rich for producers to resist for long. But for twentieth-century audiences seeking to sample revolution there were now more immediate examples. The Bolshevik Revolution in Russia in 1917, chronicled at once in language that echoed Carlyle by John Reed in *Ten Days that Shook the World* (1919), offered a fresh paradigm. It was also captured by the new and more immediate medium of film. Even more abundantly, so were subsequent upheavals in Germany, China, and countless other countries experiencing revolution in the later twentieth century. Figures like Lenin and Stalin have replaced Robespierre or Danton as quintessential revolutionaries in the popular imagination. Even the unique horror of the guillotine has been dwarfed by the gas chambers of the Holocaust, the organized brutality of the gulag, or the killing fields of Cambodia. And yet many Russians in 1917 saw themselves, and indeed were widely seen, as re-enacting the struggles in France after 1789. Subsequent revolutionaries, if less conscious of the French precedents, have nevertheless sought legitimacy in doctrines of popular sovereignty all traceable to claims first explicitly made in 1789. Many, even those like the Nazis who professed to despise traditions now especially revered by Communism, celebrated their power with rituals and ceremonies redolent of the great set-piece festivals organized first in France between 1790 and 1794.

The Corsican contribution

And one figure thrown up by the French Revolution has continued to be widely recognized – Napoleon. He remains one of the very few characters in history universally known by his first name, and by his appearance – especially if wearing his hat. He owes this recognition largely to remarkable achievements as a general, but his military prowess was built on the opportunities afforded him by the Revolution, and when he created new regimes in the aftermath of his victories, he thought it self-evident that they should run themselves on principles elaborated in France since 1789. Certainly, the nineteenth century was haunted by the memory of the way that he and the revolutionized French nation tore the rest of Europe (Great Britain excepted) apart. The Russians particularly, although they (or at least their climate) defeated him, were traumatized by the invasion of 1812. Half a century later, Tolstoy made the struggle against Napoleon the setting for *War and Peace* (1865–9). The novel's characters, from Czar Alexander downwards, are at the same time impressed and repelled by the Corsican usurper and what he stands for. For good or ill, he transforms all their lives. All the inhabitants of continental Europe during Napoleon's lifetime could have claimed as much. Even when he had gone, many of them found their everyday existence still regulated by laws which he had introduced. Napoleon claimed, when his campaigning days were over, that his most enduring glory would not be that of the battles he had won, but his Civil Code. In reality, the Code was a revolutionary project which Napoleon merely brought to fruition. But its impact was substantial enough, and not only in France. A simple, clear, and uniform set of principles for the holding and transfer of property, it remained the basis of civil law in much of Germany throughout the nineteenth century, in Poland until 1946, in Belgium and Luxembourg until the present day. Its influence still pervades the legal systems of Italy, the Netherlands, and Germany. An even greater success story has been metrication. Elaborated between 1790 and 1799, the decimal metric system of weights and measures was zealously promoted under Napoleon. Even in France it was slow to establish its monopoly, but in the subsequent two centuries it has spread to most of the world. When the United States succumbs, as sooner or later it surely will, it will mark the most complete triumph of any of the many trends and movements that the French Revolution began, its fullest and least ambiguous living legacy.

CODE CIVIL

DES

FRANÇAIS.

ÉDITION ORIGINALE ET SEULE OFFICIELLE.

À PARIS,

DE L'IMPRIMERIE DE LA RÉPUBLIQUE.

AN XII. 1804.

3. Enduring legacies: The Civil Code.

DECLARATION OF THE RIGHTS OF MAN AND OF CITIZENS
By the National Assembly of France

'THE Representatives of the people of France, formed into a National Assembly, considering that ignorance, neglect, or contempt of human rights, are the sole causes of public misfortunes and corruptions of Government, have resolved to set forth, in a solemn declaration, these natural, imprescriptible, and unalienable rights: that this declaration being constantly present to the minds of the members of the body social, they may be ever kept attentive to their rights and their duties: that the acts of the legislative and executive powers of Government, being capable of being every moment compared with the end of political institutions, may be more respected: and also, that the future claims of the citizens, being directed by simple and incontestible principles, may always tend to the maintenance of the Constitution, and the general happiness.

'For these reasons, the National Assembly doth recognize and declare, in the presence of the Supreme Being, and with the hope of his blessing and favour, the following sacred rights of men and of citizens:

I. Men are born, and always continue, free, and equal in respect of their rights. Civil distinctions, therefore, can be founded only on public utility.

II. The end of all political associations, is, the preservation of the natural and imprescriptible rights of man; and these rights are liberty, property, security, and resistance of oppression.

III. The nation is essentially the source of all sovereignty; nor can any individual, or any body of men, be entitled to any authority which is not expressly derived from it.

IV. Political Liberty consists in the power of doing whatever does not injure another. The exercise of the natural rights of every man, has no other limits than those which are necessary to secure to every other man the free exercise of the same rights; and these limits are determinable only by the law.

V. The law ought to prohibit only actions hurtful to society. What is not prohibited by the law, should not be hindered; nor should any one be compelled to that which the law does not require.

VI. The law is an expression of the will of the community. All citizens have a right to concur, either personally, or by their representatives, in its formation. It should be the same to all, whether it protects or punishes; and all being equal in its sight, are equally eligible to all honours, places, and employments, according to their different abilities, without any other distinction than that created by their virtues and talents.

VII. No man should be accused, arrested, or held in confinement, except in cases determined by the law, and according to the forms which it has prescribed. All who promote, solicit, execute, or cause to be executed, arbitrary orders, ought to be punished; and every citizen called upon, or apprehended by virtue of the law, ought immediately to obey, and renders himself culpable by resistance.

VIII. The law ought to impose no other penalties but such as are absolutely and evidently necessary: and no one ought to be punished, but in virtue of a law promulgated before the offence, and legally applied.

IX. Every man being presumed innocent till he has been convicted, whenever his detention becomes indispensible, all rigour to him, more than is necessary to secure his person, ought to be provided against by the law.

X. No man ought to be molested on account of his opinions, not even on account of his religious opinions, provided his avowal of them does not disturb the public order established by the law.

XI. The unrestrained communication of thoughts and opinions being one of the most precious rights of man, every citizen may speak, write, and publish freely, provided he is responsible for the abuse of this liberty in cases determined by law.

XII. A public force being necessary to give security to the rights of men and of citizens, that force is instituted for the benefit of the community, and not for the particular benefit of the persons with whom it is entrusted.

XIII. A common contribution being necessary for the support of the public force, and for defraying the other expences of government, it ought to be divided equally among the members of the community, according to their abilities.

XIV. Every citizen has a right, either by himself or his representative, to a free voice in determining the necessity of public contributions, the appropriation of them, and their amount, mode of assessment, and duration.

XV. Every community has a right to demand of all its agents, an account of their conduct.

XVI. Every community in which a separation of powers and a security of rights is not provided for, wants a constitution.

XVII. The right to property being inviolable and sacred, no one ought to be deprived of it, except in cases of evident public necessity, legally ascertained, and on condition of a previous just indemnity.'

Thomas Paine's translation into English from the French incorporated in his great attack on Burke, *Rights of Man* (1791)

Human rights

'The Revolution was a grand thing!' exclaims Pierre Bezukhov in the first chapter of *War and Peace*. '". . . robbery, murder and regicide", . . . interjected an ironical voice. "Those were extremes, no doubt, but they are not what is most important. What is important are the rights of man, emancipation from prejudices, and quality of citizenship." Certainly this was what the Revolution began with, and on 26 August 1789 the National Assembly promulgated a founding manifesto to guide its work: the Declaration of the Rights of Man and the Citizen. This was something entirely new in the history of the world. The English Bill of Rights of 1689 had only proclaimed the rights of Englishmen. The United States did not establish its own Bill of Rights until a year after the French; and whereas the French declaration was meant as a preamble enshrining basic principles of a constitution, the American Bill was a series of afterthoughts, amendments to an already-existing constitution. Its principal architects, despite the precedent of declarations of rights prefacing a number of individual state constitutions in the 1770s, did not feel a properly drafted constitution was in need of what Alexander Hamilton, New York delegate to the Constitutional Convention, called 'aphorisms . . . which would sound much better in a treatise of ethics than in a constitution of government'.

A declaration of human rights was a hostage to fortune: but that is precisely what the French citizens of 1789 intended. Since 'ignorance, neglect, or contempt of human rights are the sole causes of public misfortunes and corruptions of Government', a statement of the 'natural, imprescriptible, and unalienable rights . . . constantly present to the minds of the members of the body social' would ensure that 'they may be ever kept attentive to their rights and their duties'. It would offer a yardstick against which all citizens could measure the behaviour of governments. Nor were these conceived of simply as French rights, although all French citizens were to enjoy them. Liberty, property, security, and resistance to oppression; civil equality, the rule of law, freedom of conscience and expression; the sovereign authority of nations and the answerability of governments to the citizenry; all these were declared human rights, and by implication applicable everywhere. It is true that within six years the French had redrafted this list twice, extending it and then restricting it. Napoleon abandoned it entirely in his successive constitutions. But every subsequent constitution-maker has felt obliged to make a principled decision about whether or not to incorporate such a declaration; and all those who have done so have gone back at some point to the prototype of 1789. When in 1948 the fledgling United Nations decided to adopt a Universal Declaration of Human Rights, the preamble and 14 out of its 30 articles were taken in substance, and sometimes in very wording, from the Declaration of 1789. Two further articles derived from the more ambitious Declaration of 1793, and one from the more modest Declaration of Rights and

Duties of 1795. The European Convention on Human Rights, adopted in 1953, was also full of the provisions and language of 1789. And, whereas France itself declined to ratify the European Convention until 1973, by the time of the bicentenary of the Revolution in 1989, President François Mitterrand had ordained that it should be celebrated as the Revolution of the Rights of Man.

A disputed legacy

It was a vain hope. The British, as always, were determined to spoil France's party. Their royal family refused to attend any celebration of a regicide revolution. Margaret Thatcher declared that the rights of man were a British invention, and gave Mitterrand a lavishly bound copy of *A Tale of Two Cities*. A British historian working in America produced a vast chronicle of the Revolution which argued that its very essence was violence and slaughter (*Citizens*, by Simon Schama). It was a bestseller in a market where Burke, Carlyle, Dickens, and Orczy had clearly not laboured in vain. But even within France the celebrations proved bitterly contentious. Although when the Rights of Man were first proclaimed, the terror lay more than four years into the future, and the guillotine had not even been invented, few found it easy to look back on the Revolution as other than a single and consistent episode, for good or ill. For the left, the terror had been cruel necessity, made inevitable by the determination of the enemies of liberty and the rights of man to strangle them at birth. For the right, the Revolution had been violent from the start in its commitment to destroying respect and reverence for order and religion. Its logical culmination, some argued, was not merely terror, but, in the rebellious department of the Vendée, slaughter amounting to genocide. Many Catholic clergy, meanwhile, anathematized any celebration of what had brought the first attack in history on religious practice, using language that had scarcely changed in the course of two centuries. Mitterrand, however, enjoyed it all. The Revolution, he reflected with characteristic malice, 'is still feared, which inclines me rather to rejoice'.

A century, therefore, after thoughts of the French Revolution made Lady Bracknell shudder, people were still deeply divided about what 'that unfortunate movement' had led to. Everybody thought they knew, and few other historical episodes beyond living memory have remained capable of arousing such passionate admiration or loathing. That is because so many of the institutions, habits, attitudes, and reflexes of our own times can still be traced to what we think went wrong, or right, then. Greater knowledge of what occurred will not necessarily change anybody's mind. But it might offer a sounder basis for judgement than the random accumulation of snippets and snapshots which still satisfies most people's curiosity about this crossroads of modern history.

Chapter 2
Why it happened

We can scarcely discuss why anything happens until we have a basic idea of what it is. Almost any attempt to define the French Revolution too closely, however, will be tendentious, and exclude many of its complexities. Yet what it most certainly was not, was a single event. It was a *series* of developments, bewildering to most contemporaries, which stretched over a number of years. It was a sustained period of uncertainty, disorder, and conflict, reverberating far beyond the borders of France. It began between 1787 and 1789.

Financial overstretch

The crisis was triggered by King Louis XVI's attempts to avoid bankruptcy. Over the eighteenth century, France had fought three great wars on a worldwide scale. Accustomed by the pride, ambition, and achievements of Louis XIV (1643–1715) to regarding herself as the greatest European power, France found her pretensions challenged over the three generations following the great king's death by the rise of new powers – Russia, Prussia, and above all Great Britain. Rivalry with the British was fought out on the oceans of the world. At stake was dominance of the sources and supply of the tropical and oriental luxuries for which Europe was developing an insatiable appetite. Footholds in India, staging posts to China, fur-rich Canadian forests, tropical islands where sugar and coffee could be produced, access to supplies of slaves to work them: these were the prizes for which the British and French fought almost uninterruptedly throughout the 1740s and 1750s. But France also had land frontiers and traditional continental interests to defend, and in the mid-century wars Louis XV (1715–74) found his forces overextended on both land and sea. In the Seven Years War (1756–63) the results were disastrous. Despite alliances with Russia and even the traditional enemy Austria, his armies were humiliated by the upstart Prussians. At sea, the British destroyed both the Atlantic and Mediterranean fleets, drove French power out of India and North America, and all but strangled the trade of the French Caribbean. At the peace of Paris (1763), France made no European gains and lost Canada and most of her establishments in India. Not only was the defeat comprehensive and shameful, the war also left the kingdom burdened with a colossal debt which there was little prospect of diminishing, much less paying off. Servicing it absorbed 60 per cent of tax revenues. And yet almost at once a fresh naval build-up began, and when in the 1770s the colonists of British North America declared their independence, France saw the opportunity for revenge on the tyrant of the seas. The prospect of destroying the British Empire, and the commercial rewards that would result, seemed well worth a renewed effort, and in 1778 Louis XVI went to war to protect the fledgling United States. This time it was a spectacular success. While continental Europe remained at peace, France led a coalition against the isolated British which broke their control of the Atlantic long enough to ship a French army to America. When British forces surrendered at Yorktown in 1781, the victory was more French than American.

But France made no territorial gains when peace was signed in 1783, and the independent Americans gave no sign of abandoning their traditional British trading links. And meanwhile the war had been paid for largely by new loans rather than significant increases in taxation. In financial terms it ended not a moment too soon; but massive borrowing now continued into peacetime. By 1786 a foreseeable decline in tax revenues and the scheduled repayment of short-term war loans brought a financial crisis.

It was not that France lacked the resources to survive as a great power. Over the next generation the French would dominate the European continent more completely than they had ever done. It was rather that many of these resources were locked up by the system of government, the organization of society, and the culture of what revolutionaries would soon be calling the ancien régime, the old or former order. It took the Revolution to release them.

The ancien régime: government

In political terms pre-revolutionary France was an absolute monarchy. The king shared his power with nobody, and was answerable for its exercise to nobody but God. Affairs of state, including the finances, were his private domain; and in all things he was sovereign in the sense that his decisions were final. On the other hand, no king was, or sought to be, a completely free agent. Even Louis XIV was careful to take advice on all important decisions, and men born to be king (for queens regnant were prohibited by French law) were carefully taught that counsel was of the essence of their sovereign authority. Louis XVI believed this implicitly; but unlike his grandfather Louis XV (his own father had died before inheriting the throne) he did not invariably do what a majority of his ministers recommended. He particularly thought he understood finance – a fateful delusion as it proved.

Nor was the king unfettered in his choice of advisers. Although he could sack them without explanation, his practical choice was limited to career administrators, magistrates, and courtiers. They, in turn, could only be brought to his notice by the intrigues of other ministers and familiars of both sexes drawn from the ranks or clienteles of the few hundred families rich enough to live in the gilded splendour of the Court. Imprisoned in scarcely changing routines of etiquette established in the previous century by Louis XIV, his two successors passed their lives peripatetically, following the hunting around forest palaces outside Paris – Fontainebleau, Compiègne, and of course Versailles, that spectacular seat of power imitated by rulers throughout Europe. When they visited the capital, it was briefly. Louis XIV had established this royal lifestyle deliberately to distance himself from a turbulent and volatile city whose people had defied royal authority during his minority in the uprising of the Fronde (1648–53). For their part, the Parisians remained suspicious and contemptuous of the Court. In 1789 many still remembered how, when celebrations in the capital to mark the future Louis XVI's marriage to the Austrian princess Marie-Antoinette in 1770 had led to a stampede in which 132 people were trampled to death, the festivities at Versailles had gone on regardless. Symbolizing the ill-starred alliance with the old enemy, the frivolous Marie-Antoinette never achieved popularity, even when, in 1781, she belatedly bore Louis XVI an heir. Her extravagance was so proverbial that even when rumours of it were disproved (as with her supposed secret purchase of a sumptuous diamond necklace in 1786) they were still believed. Unlike his raddled old grandfather, Louis XVI was a chaste family man who never took a mistress. But this threw the public spotlight onto his unpopular wife even more glaringly.

The king's absolute authority over the country at large was embodied in a handful of omnicompetent executive agents, the intendants. One of these was assigned to each of 36 generalities into which Louis XVI's kingdom was divided. The king thought them the showcase of his government, and there was no doubt about their high level of professionalism. But they were increasingly unpopular for their authoritarian ways, and their shortcomings and mistakes were mercilessly denounced by bodies whose authority they had largely supplanted since the seventeenth century. Taxation in some large provinces, for instance, still required the consent of estates – representative, though seldom elected, assemblies with no ultimate powers to resist, but whose semblance of independence enabled them to borrow relatively cheaply on the king's behalf. Above all, the fiscal and administrative work of the intendants was constantly impeded by the courts of law, most of which had administrative as well as judicial functions. At the summit of the judicial hierarchy sat the 13 parlements, supreme or 'sovereign' courts of appeal where registration was required for all important royal legislation before it became operative. Before registering, the parlements had the power to send the king remonstrances pointing out flaws or drawbacks in the new laws. Increasingly over the eighteenth century, remonstrances were printed and published, exposing the principles of monarchical government to public debate in a country where overt political discussion was deemed none of the subject's business. In the end, the king could override such protests, but the procedure, which involved the monarch or his representative coming to a court in person and supervising the transcription of contested measures into the judicial registers, was laborious and spectacular. It underlined the magistrates' recalcitrance as much as the king's authority.

As in every aspect of the ancien régime, the judicial and institutional map of France had no uniformity. Some of the parlements presided over small enclaves, others over extensive provinces. The jurisdiction of the parlement of Paris covered a third of the kingdom. But all of the 1250 members of these courts owned the offices they occupied, as a result of the practice of venality. Since the sixteenth century kings had systematically sold public offices, along with hereditary tenure or free disposal, as a way of borrowing for little outlay. By the eighteenth century there were perhaps 70,000 venal offices stretching far beyond the judiciary, but the prestigious core of the system was the 3200-strong nobility of the robe, whose judicial offices conferred ennoblement. Most prestigious among them were the magistrates of the parlements, and because dismissing them would have entailed reimbursing the value of their offices, they enjoyed virtually unchallengeable tenure. The king could bully them by shows of force, but without the money to buy them out, he could not dispossess them.

Accordingly, throughout the eighteenth century they were able to keep up a growing volume of criticism and obstruction against the crown's religious and financial policies. Only in 1771 did Louis XV's ministers feel able to promise any compensation for suppressed offices, and then the parlements were ruthlessly remodelled and muzzled. An opportunity was created for unobstructed reform, but Maupeou, the chancellor responsible, had no serious reforming intentions, and no advantage was taken. Meanwhile his attack on the parlements, which had increasingly come to be seen as the voice of the king's unrepresented subjects, proved hugely unpopular. Anxious to begin his reign in an atmosphere of confidence and popularity, the young Louis XVI was persuaded to dismiss Maupeou and restore them.

In the short run it worked. Although some provincial parlements remained fractious, and obstructed their local intendant more than ever, the crucially important parlement of Paris proved fairly pliable for the best part of a dozen years. It was, however, at the cost of the king attempting nothing too radical. Innovation was seen, and accepted even by most ministers, as dangerous. 'Any system', declared the parlement in remonstrances of 1776 against the replacement of forced labour on the roads with a tax,

> tending under the guise of humanity and benevolence to establish an equality of duties between men, and to destroy those distinctions necessary in a well-ordered monarchy, would soon lead to disorder . . . The result would be the overthrow of civil society, the harmony of which is maintained only by that hierarchy of powers, authorities, pre-eminences and distinctions which keeps each man in his place and keeps all Estates from confusion. This social order is not only essential to the practice of every sound government: it has its origin in divine law. The infinite and immutable wisdom in the plan of the universe established an unequal distribution of strength and character, necessarily resulting in inequality in the conditions of men within the civil order . . . These institutions were not formed by chance, and time cannot change them.

To abolish them, the whole French constitution would have to be overturned.

The ancien régime: society

Yet it was hard to see how a French king could keep up his international pretensions without some modification in his subjects' time-honoured privileges and inequalities. Nowhere was the kingdom's lack of uniformity more glaring than in the structure of privilege and exemption which gave each and every institution, group, or area a status not quite like any other. The kingdom had been built up over many centuries by a gradual and often haphazard process of conquest and dynastic accumulation, and successive kings had won the obedience of their new subjects more by confirming their distinct institutions than by imposing a preferred pattern of their own. Ever since the sixteenth century these confusions had been compounded by the practice of selling privileges and exemptions (usually but not always as part of the sale of offices) as a roundabout way of borrowing. In earlier times it was easier to do than trying to force the rich to pay taxes. The most powerful groups in society, in any case, had elaborated persuasive rationales for exemption. The clergy, a vast corporation drawing revenues from a tenth of the kingdom's land, and creaming off, in the form of tithes, a notional tenth of the yield of the rest, paid no direct taxes on the grounds that it performed its service to society by praying and interceding with God. The nobility, the social elite which owned over a quarter of the land, levied feudal dues over much of the rest, and steadily sucked most of the newly rich into its ranks via ennobling offices, resisted the payment of direct taxes as well. Nobles, the argument went, served the kingdom with their blood, by fighting to defend it. Many did (though as officers only), but many more never drew the swords they wore to demonstrate their status. In any case these ancient arguments failed to keep the nobility exempt from new direct taxes introduced in and after 1695. Nevertheless, in most provinces, nobles continued to escape the oldest basic direct tax, the *taille*, not to mention forced labour on the roads. It was easy enough for rich commoners to buy themselves exemption as well, even if an ennobling office was beyond their means; simply moving to another town or province might be enough to secure real fiscal advantages. The burden of taxation, in other words, fell disproportionately on those least able to pay. To one extent or another, the rich were able to avoid it. It was the boast of the king's richest subject, his cousin the Duke d'Orléans, that he paid what he liked.

In real terms the total tax burden borne by the French had fallen over the eighteenth century. Yet whatever they paid they all considered themselves over-taxed. That was one reason why the resistance of the parlements, even though their magistrates were all nobles and represented nobody but themselves, was so popular. Even they recognized, however, that some emergencies necessitated higher taxes, and they acquiesced in a new levy of a twentieth on income from real estate in 1749. They even agreed to its doubling in 1756 and tripling in 1760. But the third twentieth lapsed when the Seven Years War ended, and meanwhile all sorts of provincial and institutional abatements had been negotiated, notably with the clergy and provinces retaining estates. Once assessments were established, the parlements always resisted their revision, even though this was an age of steady inflation. Their scepticism about the need for fiscal reform was only confirmed in the late 1770s when the American war was launched and sustained for four years without any substantial new taxation. This was the work of the Genevan banker Jacques Necker, who claimed to have achieved the incredible feat by 'economies' at the expense of courtiers and venal government financiers, two groups traditionally suspected of milking the public purse. But the purpose of such ostentatious savings was not to pay directly for the war, but to boost French credit in the international money market so as to sustain borrowing. Necker trumpeted his success in 1781 by publishing the first ever public statement of the royal accounts, the *Compte rendu au roi*. It showed the king's 'ordinary' accounts in modest surplus. It was what the public wanted to hear, and few cared that the massive 'extraordinary' expenditure, covered by loans raised on the credit of the ordinary surplus, went unmentioned. The longer term consequence was to undermine all attempts by Necker's successors to improve the kingdom's tax yield, especially once the war was over. If all had been well in 1781, people later asked, what had gone wrong since, and who was responsible?

Necker had been brought in more as a credit consultant than as a minister. As a foreign-born Protestant, in fact, he was legally ineligible for public office in a kingdom where Protestantism had not been recognized since 1685. But he soon learned that he could not impose financial discipline on ministers without the regular direct access to the king which their office gave them. When he attempted to use his popularity to force the king to admit him to his innermost counsels, however, Necker was rebuffed, and resigned. The gesture was unprecedented: one did not resign on the king of France. Nor had previous ex-ministers behaved as Necker now did, continuing to publish on financial affairs and orchestrating public criticism of the policies of his successors. What this outsider to the habits of absolute monarchy had grasped was that, in political as much as in financial affairs, public opinion, or what governments took it to be, was of ever-increasing importance; and that without public confidence even, and perhaps especially, the most absolute ruler could achieve very little.

Public opinion

The constraints were obvious in innumerable ways. If, for instance, the whole financial history of the monarchy between 1720 and 1788 was a struggle to avoid bankruptcy, that was because renouncing debts, which earlier kings had done almost routinely, was no longer accepted as a legitimate option. Thousands had been ruined by a great financial crash in 1720, when another Protestant outsider, the Scotsman John Law, had attempted to liquidate the financial legacy of Louis XIV's wars by absorbing the accumulated debt into the capital of a commercial 'Royal Bank'. The collapse of this experiment also produced an enduring mistrust of banks and paper money despite all they had done in Holland or Great Britain to sustain an unprecedented war effort against France. For subsequent generations, any expedient which stirred such painful memories was generally regarded as unthinkable.

Kings who renounced their debts, or paid them in precarious paper rather than clinking coinage, were seen as conjuring irresponsibly with their subjects' property, behaving arbitrarily; whereas in French legal tradition royal authority was expected to observe the law, proceed by advice, and respect the rights and privileges of those whom God had entrusted to its care and protection. In the eighteenth century these expectations were reinforced by the widespread conviction that since nature herself (as Isaac Newton had shown) worked by invariable laws and not divine caprice, human affairs should also be conducted so far as was possible according to fixed and regular principles, rooted in rationality, in which the scope for arbitrariness was reduced to a minimum. Anything else, when a single individual governed, was despotism; which the most influential political writer of the century, Montesquieu had taught his compatriots to regard as the worst of all governments, where no law protected the subject from the ruler's whims. So that when a series of draconian debt consolidations in 1770, which many saw as a partial bankruptcy, was followed by Maupeou's attack on the parlements, despotism appeared to have struck. Traditional intermediary buffers between ruler and subject had been swept aside. And despite Louis XVI's restoration of the old parlements upon his succession, instinctive confidence in the traditional constitutional structure could never be fully revived.

Yet although the public saw no need for either higher taxes or bankruptcy, only a government strong and confident enough to attempt either was likely to be able to carry other reforms that had widespread support. The judiciary, for example, was perceived to be overstaffed, underemployed, and its procedures slow, expensive, and unreliable. A series of miscarriages of criminal justice exposed the cruelties and caprices of a system where magistrates were recruited by heredity or purchase rather than rational tests of competence. The labyrinthine complexities of the law, where attempts at codification had petered out in the 1670s, were sustained by innumerable local and provincial customs and privileges, many of them repeatedly confirmed in return for cash payments over the centuries. To reform any of this without compensating the losers would be widely seen as a breach of public faith, bankruptcy in disguise; but there was no prospect of ever finding the money to achieve it otherwise.

More thoughtful observers believed there were ways to square some circles. If economic productivity could be improved, fiscal benefits would be almost automatic. The Physiocrats or Economists (the first people to use this name) argued that all true wealth derived from agriculture, and that the land would produce more if natural laws were unimpeded by artificial human constraints. That implied tax reform – the abolition of burdensome charges like feudal dues in cash or kind, or tithes. It also meant commercial liberalization – the removal of controls on prices and free exchange, particularly in the grain trade. In comparison with agriculture, industry and commerce were held by these thinkers to be less important, and not generators of true wealth: but here too natural activity was impeded by over-regulation, the constraints imposed by trade guilds, and commercial monopolies. Administrators at every level found such reforming ideas increasingly attractive after mid-century; but as soon as they began to experiment with them they met with endless difficulties. Governments could not contemplate even the temporary loss of revenue, not to mention likely opposition from courts, estates, and various corporate bodies, which introducing a single tax would entail. Similarly with feudal dues: these were property rights, which could not be abolished equitably without compensation. A book advocating their suppression was publicly burned by order of the Paris parlement in 1776. As to the tithe, it was the main source of income of the parish clergy. Where would a substitute come from? The merest hint of commercial and industrial deregulation, meanwhile, was vigorously opposed by well-organized lobbies of merchants, chambers of commerce, and guild masters. Only in 1786 was trade with overseas colonies made completely free and open, and an attempt to abolish the monopolies of Parisian trade guilds ten years earlier was abandoned after only a few months of chaos. The only people, in fact, who could be subjected to the full force of Physiocratic policies were those too weak to resist: the king's poorest subjects. They bore the brunt of experiments from the 1760s onwards to deregulate the grain trade. The idea was to let prices rise to a 'natural' level. High prices, so the theory went, would encourage growers to increase production, and the end result would be 'abundance'. In the short term, however, higher grain prices meant dearer bread, especially when harvests were poor. The first experiments with deregulation, between 1763 and 1775, coincided with a series of such shortfalls; and as magistrates and local authorities had warned from the start, public order broke down as prices shot up and markets were bare. When ministers made agreements with contractors to guarantee emergency supplies, they were accused of a 'famine pact' to starve the people. In the weeks before Louis XVI's coronation in May 1775, popular goodwill was squandered by renewed deregulation and severe repression of the 'flour war' grain riots which followed. And although Necker, sniffing popularity as always, kept the trade firmly under control, his successors resumed tinkering. When, in 1788, the harvest failed completely, free export in previous years had denuded the kingdom of stocks. And the confidence of ordinary people that the king would protect them from starvation had been completely eroded by a generation of economic experiments at their expense.

Nor did they any longer expect much comfort from God's servants in the Church. While there was plenty of respect for underpaid parish priests and the selfless nuns who staffed hospitals and poorhouses, there was widespread disgust at the grotesque maldistribution of the Church's wealth, and the determination with which its richer beneficiaries defended their privileges. In mid-century the hierarchy had squandered much popular respect by zealous persecution of dissident priests who questioned authority in the Church in the name of Jansenism, an austere set of beliefs condemned as heretical by the papal bull *Unigenitus* of 1713. Jansenists were protected by sympathizers in the parlement of Paris, and in the 1740s and 1750s a series of lawsuits against priests refusing the last rites to dying Jansenists stirred up widespread fury against the hierarchy. When in 1757 Louis XV was (harmlessly) stabbed, his half-crazed assailant seemed to have acted out of vague sympathy for Jansenist tribulations. And Jansenism appeared to triumph in the 1760s when its oldest and most inveterate enemies, the Jesuits, found themselves involved in a case before the parlement. The magistrates used it as a pretext to expel them from the court's jurisdiction. Other parlements followed the lead, and a divided government acquiesced. The expulsion from the kingdom of a society which had educated most of the social elite for three centuries caused enormous educational upheaval. With the closure of their 106 colleges, something like a national curriculum was dissolved, and a generation of educational debate and experiment began. Almost at the same moment the establishment of a commission to review and consolidate failing monasteries suggested that even wider reform in the Church might be possible.

Educated critics had certainly been calling for it ever since the 1720s, when the scientific and humanistic development of the previous century began to crystallize into the utilitarian movement of criticism that came to be known as the Enlightenment. For the self-styled 'philosophers' who set out to popularize enlightened values, the established Church was the root of most of the evils in society. While the benevolent message of the Gospel was never disputed, clerics down the ages were deemed to have overlaid it with a mass of superstition and irrationality which they perpetuated through their influence in the state and control of the educational system. Happy to promote cruelty and intolerance, they had amassed disproportionate riches to support the idleness of unproductive monks and spendthrift chapters and prelates. Even the social services provided by the Church, such as poor relief and hospital care, were irrationally funded and inefficiently organized. These charges were pressed home with innuendo and ridicule, for which the mid-century quarrels within the Church provided plenty of material. The Church's response was to call for ever more vigorous and vigilant censorship, while attempting to reduce its own vulnerability by internal reforms such as the action on redundant monasteries. But neither approach restored confidence in an institution whose basic inertia, inflexibility, and self-satisfaction had alienated sympathy, in different ways, at every level of society.

In one sense, the Church was a victim of its own success. Nothing had done more over the century than the efforts of dedicated clerical teachers to increase levels of literacy from around a fifth of the population to nearer a third. More readers produced a rising demand for printed materials of all kinds. Book production soared; so did that of more ephemeral material like chapbooks, legal briefs sold for public consumption, and newspapers. By Louis XVI's time, Paris had a daily paper and most provincial towns had weeklies. It is true that they were mainly advertising sheets, and when they printed news it was largely without comment. But serious interest in public affairs could be gratified by a flourishing French-language press published abroad; and the cost of regular reading could be spread by joining one of the rapidly proliferating literary or reading societies whose libraries subscribed to all the major periodicals. Another indication of expanding demand for the printed word was the growth in the number of government censors to whom all substantial writings for the public had to be submitted; and the increasing amount of time and energy devoted by customs officials to blocking imports of subversive pornographic, blasphemous, or, as it was increasingly called, 'philosophical' literature. After a period in mid-century when ministers despaired of stemming the flood, and turned a blind eye to most of it, under Louis XVI the government redoubled its efforts to control what reached the reading public. But the market was too strong, and as much effort was soon being devoted to influencing what was reported and discussed as to preventing its appearance. Louis XIV had told his subjects what to do, and what to think. Under Louis XVI, it was recognized that they had to be persuaded.

The virtues of active cooperation between kings and their subjects had long been displayed across the Channel. Ever since the 1720s writers like Montesquieu and Voltaire had extolled the enabling freedoms of British liberty, toleration, and parliamentary government. British success in mid-century wars had shown that the system, still suspect to many for its dangerous volatility, was also formidably efficient. Some of the gloss was taken from the image of Great Britain when her colonies rebelled, and Anglomania was partially eclipsed by enthusiasm for all things American. But liberty and political representation were at the heart of the Anglo-American quarrel; and when Louis XVI allied with republican rebels who had proclaimed no taxation without representation, his subjects could scarcely help reflecting on why this principle was not deemed appropriate in France. In the handful of provinces with estates, of course, it was; but that made the situation elsewhere seem even more anomalous. As fiscal pressures increased, certain magistrates in the 1760s began to call for lost estates to be restored. When Maupeou attacked the parlements in 1771, some went further and called for a meeting of the nearest French equivalent to the British parliament, the medieval Estates-General, last convened in 1614. Others, with the comfortable ambiguities of absolute monarchy now exposed as empty, began to think of more rationally designed representative institutions that would visibly involve taxpayers in administration. Nor were ministers necessarily opposed to a principle which might sideline the parlements and their influence. Necker even began a programme of introducing 'provincial administrations', nominated assemblies of local landowners who would share the functions of intendants. Only two were established before his resignation, but they did not disappear with him. Slowly, hesitantly, with many misgivings but aware that institutional paralysis was the only alternative, the monarchy was becoming less absolute under Louis XVI. The king and his ministers increasingly recognized that France must be governed with the effective consent and cooperation of the crown's most prominent and educated subjects.

The 'Pre-Revolution'

So the crisis of 1787 was not just financial. Calonne, the finance minister appointed in 1783 to manage a return to peacetime conditions, began with lavish expenditures in the hope of sustaining confidence. The borrowing which this required achieved just the reverse. As attempts to float new loans ran into increasing resistance in the Paris parlement, Calonne turned his thoughts to more radical solutions. On 20 August 1786 he presented the king with a comprehensive plan of reform, later described by the courtier bishop Talleyrand as 'more or less the result of all that good minds have been thinking for several years'. The king, after considering it carefully, accepted it with genuine enthusiasm.

The plan was threefold. First came fiscal reform, in the guise of a new, uniform land tax, with no exemptions, to be levied in kind. This, and other less important innovations, were to be overseen throughout the kingdom by provincial assemblies elected by all prominent landowners. Representative government was to be universalized – though not centralized in a national assembly. Secondly, the fiscal yield of the reforms was to be boosted by a programme of economic stimulation on Physiocratic lines: abolition of internal customs barriers, of forced labour on the roads, and of controls over the grain trade. In 1786, a commercial agreement with Great Britain had already opened French markets to British manufacturers in exchange for agricultural products. None of these measures, however, could be expected to yield immediate benefits. More borrowing would be required until the effects were felt. A major new boost in confidence was therefore required to encourage lenders. Calonne hoped to achieve this by having his plans endorsed by a handpicked Assembly of Notables, people (as he put it) 'of weight, worthy of the public's confidence and such that their approbation would powerfully influence general opinion'. He considered convoking the Estates-General, but thought them likely to be uncontrollable. Instead he nominated 144 princes, prelates, noblemen, and magistrates, before whom he laid his proposals in February 1787.

It was a political disaster. Few of the Notables accepted Calonne's version of the crisis confronting the state. Even those who did tended to hold him responsible, and therefore not the right person to resolve it. An attempt by Calonne to appeal over his critics' heads to the wider public, by depicting them as mere selfish defenders of their own privileges, backfired; and the king was forced to dismiss him. An amended version of his plan was then brought forward by Brienne, an archbishop who had used the Notables as a ladder to power. It got nowhere when Louis XVI refused the Notables' proposal for a permanent commission of auditors to vet the royal accounts. By now, in fact, growing numbers in the assembly were declaring themselves incompetent to sanction reform of any sort. That, they declared, required nothing less than the Estates-General.

Experience with the Notables only made this seem more dangerous and unpredictable than ever, and on 25 May the assembly was dissolved. An attempt was now made to push the reforms through the parlements, but they too claimed incompetence. As crowds came onto the streets to cheer for the Estates-General, the Parisian magistrates were sent into exile. The wider significance of the crisis was underlined meanwhile in the Dutch Republic, which was overrun by a Prussian invasion in mid-September. Louis XVI had threatened to intervene if Dutch territory was violated; but, with old taxation running out and new unauthorized, Brienne advised him that he could not afford to. It was the end of the Bourbon monarchy as a military power; an admission that, even close to its own frontiers, it could no longer pay for its international pretensions.

Within a year its domestic political authority had also evaporated. Attempts to engineer a consensual reform plan with the Paris parlement collapsed amid suspicious recriminations, and for six months the sovereign courts refused to transact business. In May 1788, a Maupeou-like attempt was made to remodel them and reduce their powers. To win public support a wide range of legal and institutional reforms were simultaneously announced, but they were ignored in the public uproar that now swept the country. Even a promise to convoke the Estates-General once the reforms had taken effect was greeted with contempt. And when, at the beginning of August, the crown's usual sources of short-term credit refused to lend more, the fate of Brienne's ministry was sealed. On 16 August, payments from the treasury were suspended. It was the bankruptcy which successive ministries had spent 30 years trying to avoid. Brienne resigned, recommending the recall of Necker. The first thing the Genevan miracle-worker did on his triumphant return to office was to proclaim that the Estates-General would meet in 1789.

The convocation of a national representative assembly meant the end of absolute monarchy. It had finally succumbed to institutional and cultural paralysis. Its plans for reform fell with it. Nobody knew what the Estates-General would do, or even how it would be made up or chosen. There was a complete vacuum of power. The French Revolution was the process by which this vacuum was filled.

Chapter 3
How it happened

A month before monarchical authority collapsed into bankruptcy, a colossal hailstorm swept across northern France and destroyed most of the ripening harvest. With reserves already low after Calonne had authorized free export of grain in 1787, the inevitable result was that the months before the harvest of 1789 would bring severe economic difficulties. Bread prices would rise, and as consumers spent more of their incomes on food, demand for other goods would fall. Manufactures, hit by cheaper British competition under the commercial treaty of 1786, were already slumping; and there were widespread layoffs at the very time when bread prices began to soar. On top of all this came an unusually cold winter, when rivers froze, immobilizing mills and bulk transport and producing widespread flooding when a thaw finally came. So the political storm that was about to break would take place against a background of economic crisis, and would be profoundly affected by it.

Electoral politics

Necker moved quickly on returning to office to reimpose controls on the grain trade. It was too late, but the gesture only added to his phenomenal popularity. He needed it all to deal with other problems. The most pressing was the form to be taken by the Estates-General. One of Brienne's last acts had been to declare that the king had no fixed view on the question. To the parlement of Paris this seemed to imply a desire to rig the assembly in advance; and to prevent any such move the magistrates declared on 25 September that the Estates-General should be constituted in the same way as when they had last met, according to the forms of 1614. Well-informed observers realized at once that this was a recipe for prolonging the institutional paralysis which had brought down absolute monarchy. In 1614, the Estates-General had sat in three separate orders, representing clergy, nobility, and the third estate – meaning everybody else. They had voted by order, so any two could outvote a third. Such a distribution of powers and representation no longer reflected the realities of education, wealth, and property as they had developed over the eighteenth century; and a thoughtful group of Parisians, mostly noblemen, set out in a so-called 'committee of thirty' to arouse public opinion against it. They flooded the excited country with pamphlets, and their efforts were only lent strength when a reconvened Assembly of Notables rejected Necker's urgings and rallied behind the forms of 1614. The Notables' caution looked, or was made to look, like a bid for power by the old 'privileged orders' at the expense of the vast majority of the nation. For the first time since the beginning of the crisis in 1787, the politics of social antagonism began to dominate public debate. 'What is the Third Estate?' asked the title of the most celebrated pamphlet of that winter, by the renegade clergyman Sieyès, 'Everything. What has it been until now in the public order? Nothing. What does it want to be? Something.' Anyone laying claim to any sort of privilege, Sieyès went on to argue, excluded themselves by that very fact from the national community. Privileges were a cancer.

By December the clamour against the forms of 1614 was so well established that Necker felt emboldened to act. He decreed that, in recognition of their weight in the nation, the number of third-estate deputies would be doubled. It was obvious that this meant little if voting was still to be by order rather than by head, but Necker believed that the clergy and nobility could be induced to renounce the privilege for themselves once the Estates-General met. He relied on general dissatisfaction with the half-measure of doubling the third to dominate the elections of the spring of 1789 to such a degree that resistance to uniting the orders would become unthinkable. Vote by head was indeed one of the central preoccupations of the electoral assemblies; but since they too were separate, with each order electing its own deputies, the effect was to polarize matters still further. In the face of tumultuous popular support for third-estate aspirations, clerical and noble electors tended to see their privileges as an essential safeguard of their identity; and most of those they elected to represent them were intransigents. Opinion was crystallized further on all sides by the process of drafting *cahiers* (grievance lists which were also part of the forms of 1614) to guide the deputies chosen. Now emerged questions not only of how the estates were to be constituted, but of what they were actually to do. An amazing range of grievances and aspirations were articulated in what amounted to the first public opinion poll of modern times. Suddenly changes seemed possible that only a few months earlier had been the stuff of dreams; and the tone of the *cahiers* made clear that many electors actually expected them to happen through the agency of the Estates-General.

National sovereignty

But when the Estates-General met at Versailles on 5 May they proved a massive disappointment. Necker opened proceedings with a boring speech, and from the start the third-estate deputies made clear that they would transact no business as a separate order. Their calls to the nobility and clergy to unite with them, however, fell on deaf ears. Even the small number of noble deputies who favoured deliberation and voting in common refused to break ranks. The stalemate continued for six weeks, during which bread prices continued to rise, public order began to break down in many districts, and the widespread hopes of the spring began to turn sour. Eventually, on 10 June, Sieyès proposed that the third estate 'cut the cable' and begin proceedings unilaterally. After an overwhelming vote in favour, they invited the other orders to verify credentials in common, and three days later a handful of parish priests broke the solidarity of the privileged orders to answer the invitation. Other clergy trickled in over the next few days, and a body that was no longer just representative of the third estate recognized that it now needed a new name. Once again at Sieyès' instigation, on 17 June it chose an obvious but uncompromising title: the National Assembly. Immediately afterwards it decreed the cancellation and then re-authorization of all taxes. The implication was clear. This assembly had seized sovereign power in the name of the French Nation.

It was the founding act of the French Revolution. If the Nation was sovereign, the king no longer was. Louis XVI, shaking off the grief which had paralysed him since the death of his elder son a few days before, now declared that he would hold a Royal Session to promulgate a programme of his own. Locked out of its usual meeting place by preparations for this, the suspicious self-proclaimed National Assembly convened on 20 June in an indoor tennis court and took an emotional oath never to separate until they had given France a constitution. The first test of the deputies' resolution came three days later at the Royal Session when the king, after announcing a number of concessions, quashed all the claims made between 10 and 17 June, and instructed the orders to reconvene separately. They refused; and, flustered by news that Necker had resigned, the king let them stay. By now Versailles was filled daily with restive crowds from Paris. Aware that they could no longer rely on support from the throne, noble and clerical separatists found their solidarity crumbling. Soon they were joining the National Assembly in droves, and on 27 June the king formally ordered the last diehards to do so. Necker withdrew his resignation. The royal surrender seemed complete.

Unknown to Necker, however, and perhaps at first to the king himself, ministerial orders had been issued on 26 June to certain regiments to converge on Versailles. More were ordered up in the weeks that

4. 20 June 1789: The Tennis Court Oath. The National Assembly vows never to disperse until it has given France a constitution.

followed, and by early July the nervous Assembly was importuning the king to withdraw the troops. He replied, plausibly enough, that their presence was necessary to secure public order; but when on 12 July Necker was dismissed more sinister suspicions seemed borne out. The 20,000 soldiers now encamped around the Île de France appeared poised to overawe the capital while action was taken to subdue the Assembly. On hearing the news about Necker, Paris exploded with a mixture of fear and indignation. Tentative moves by German mercenary troops to disperse crowds only made things worse, and members of the permanent Paris garrison of French Guards began to desert. Soon bands of hungry insurgents were ransacking strongpoints in the city for arms, powder, and hoards of flour. On 14 July they converged on the massive state prison of the Bastille, which commanded the entire east end of the city with its guns. With the help of military deserters, they stormed the prison and forced its surrender, massacring the commander who had fired on them early in the attack. Paris was now in rebel hands. There were certainly enough troops surrounding the city to subdue the revolt, but commanders advised the king that they might not obey orders to shoot. In these circumstances he was powerless, and ordered a withdrawal. A counter-revolution had been defeated. The National Assembly had been saved.

The first reforms

The 14 July was not, therefore, the beginning of the French Revolution. It was the end of the beginning. Nor did the opening of the grim and mysterious Bastille release the expected host of languishing victims of despotism. There were only seven prisoners. But the medieval fortress was a symbol of royal power, and the spontaneous demolition of it which began at once was equally symbolic of the end of a discredited old order. Those who had orchestrated royal resistance over the month since 17 June recognized the situation, too: the king's brother Artois and his closest courtier friends left the country at once, the first émigrés. After the king had been to Paris and, accepting the new tricolour

5. 14 July 1789: The taking of the Bastille.

cockade of revolution from a hastily formed citizens' militia (soon to be called the National Guard), confirmed a self-appointed municipal administration, the National Assembly at last began work on the constitution to which it had committed itself in the tennis court oath. Binding mandates imposed by electors in the spring were abrogated, and a preamble to the constitution, a declaration of rights, began to be drafted. But by now upheavals in Paris and certain provincial cities had spread to the countryside, where the weeks before the new harvest ripened were marked by a 'great fear' that 'brigands' were scouring the land to destroy crops and pillage helpless peasant communities. In this paranoid atmosphere there were widespread attacks on the houses of lords and the symbols of feudal power, which, as the *cahiers* had shown, peasants regarded as the least justifiable of the many burdens they bore. The men of property who made up the Assembly, whether owners of feudal rights or not, were genuinely alarmed that the country was collapsing into anarchy. To defuse the chaos, a radical group planned a dramatic gesture in which feudal dues would be abolished. It was launched by a great nobleman on the evening of 4 August, and was greeted with a rush of enthusiasm in an Assembly that had impatiently held back from positive action for much of the three months of its existence. Soon more than feudal rights were proposed for abolition. All sorts of privileges, the very lifeblood of ancien régime social organization, were grandiloquently renounced. So was venality of offices, from which many privileges had derived. Free justice was proclaimed, and equality of taxation. The Church was deprived of tithes, the basic income of the parish clergy. By the end of the session, when the Assembly declared the king 'Restorer of French Liberties' much of the fabric of French social life had been condemned to destruction in the most radical few hours of the entire Revolution.

As several of those present observed, there had been a sort of magic in the air that night: but the magic worked. Gradually rural disorder subsided. The Assembly (now calling itself the National Constituent

Assembly) returned to its constitution-making. On 26 August it finally promulgated a Declaration of the Rights of Man and the Citizen, and over subsequent weeks it established the first principles of a constitutional monarchy, ruling out a bicameral legislature and granting the king limited powers of veto on new laws. The king, however, seemed in no hurry to accept this restriction, or indeed any of the great measures enacted in August. Suspicions aroused in July now began to fester anew in Paris, whose populace clearly regarded themselves as the saviours and watchdogs of the Revolution. When, early in October, new military arrivals were reported from Versailles by a Parisian press now free and constantly proliferating, fear spread that the king was about to attempt again what had failed in the summer. Sweeping aside attempts by the National Guard to restrain them, thousands of women marched on Versailles to coerce the king. There they invaded the hall of the Assembly, broke into the palace, and threatened the life of the queen. The only thing that would satisfy them, they eventually clamoured, was for the royal family to come with them to Paris. The monarch quickly saw that he had little choice, and on 6 October he was escorted back to his capital by the triumphant women. The Assembly followed a few days later.

Polarization: religion

Louis XVI was now the prisoner of Paris. Apart from an ill-fated attempt to escape in June 1791, he would remain so until the monarchy was overthrown in August 1792. So, however, would the Assembly. Although the deputies knew that they probably owed their survival to Parisian popular action, most of them remained deeply uneasy about the obligation. That was shown by their enactment of a martial law against tumults, and by the way they confined political rights under the constitution to substantial taxpayers. Their aim was to set up a constitutional monarchy controlled by the elected representatives of substantial men of property. Their commitment to property owners was also shown in their refusal to renounce the debt bequeathed by absolute monarchy, and indeed a massive expansion of it by promises to compensate all those, such as venal office-holders, whose property would disappear as a result of their reforms. They soon saw that all this could not possibly be met out of taxation. Tax revenues, in fact, were falling catastrophically in the absence of any effective means of coercion. Their solution was to satisfy the nation's creditors at the expense of the Church.

By the abolition of tithe on 4 August the Assembly had already committed itself to ecclesiastical reform. Finding an alternative source of income for the parish clergy was not the least of the new obligations it had taken on. But the Church remained rich in lands and endowments and already on 4 August isolated voices had claimed that the rightful owner of these assets was the Nation. On 2 November it was decided to place them 'at the disposal of the Nation'. They were to be sold to support an issue of state bonds, called *assignats*, in which other public debts would be redeemed. To many clergy and devout laity these measures looked like part of a wider attack on the Catholic faith. Amid triumphant invocations of the philosophers who had attacked the Church throughout the eighteenth century, the Assembly proclaimed civil equality for Protestants and prohibited monastic vows. When urged in April 1790 to declare Catholicism the state religion, it refused; and by then civil strife had broken out between Catholics and Protestants in the south, around Nîmes. Finally, given that the Nation was now to pay the clergy out of public funds, the Assembly decided to reorganize the Church in accordance with the same broad principles it was applying to the country at large. And so the civil constitution of the clergy, enacted in July 1790, provided for lay election of priests and bishops, nationalization of ecclesiastical boundaries, and a purely honorific role for the pope – who as a foreign ruler was not consulted on any of these principles. Nor were the clergy themselves, which left many of them uncertain whether such a radical reorganization was acceptable to the Church as a whole. The Assembly saw their hesitation as a deliberate obstruction of the national will, and in November imposed an oath of obedience on all clergy. 'Refractories' who refused it were to be ineligible for benefices under the new order.

They expected that to settle matters; but in fact only around half of the clergy complied. Many retracted when in the spring of 1791 the pope publicly denounced the civil constitution. It was the beginning of the first, deepest, and most persistent polarization of the Revolution. As revolutionary 'patriots' mobilized to promote compliance with the oath, producing a massive expansion of the political 'Jacobin' clubs that had begun to be established over the previous winter, counter-revolutionaries were quick to associate their own cause with threatened Christianity. Acceptance of the sacraments from a 'constitutional' priest who had taken the oath became a touchstone of loyalty to the entire Revolution. No sincere Catholic could evade this decision; and this included the king.

Polarization: monarchy

After his return to Paris, Louis XVI had grudgingly accepted all the reforms of the Constituent Assembly, with occasional displays almost of enthusiasm. He even sanctioned the ecclesiastical legislation, although he privately knew of the pope's hostility. It was soon obvious in the spring of 1791, however, that he was avoiding receiving the sacraments from constitutionals. Threatening demonstrations began to occur around the Tuileries palace, for in Paris there was overwhelming support for oath-taking. This renewed popular hostility determined the royal family to attempt escape. On the night of 20 June they slipped out of Paris, making for the eastern frontier. The king imprudently left behind him an open letter denouncing much of the work of the Revolution. But the fugitives were captured at Varennes, and brought back to Paris in disgrace.

The flight to Varennes opened up the second great schism of the Revolution. There had been hardly any republicanism in 1789, and what

6. National Guards in uniform, with the tricolour.

there was abated once the king was back in Paris and accepting all the Assembly sent him. But, after Varennes, the mistrust built up by his long record of apparent ambivalence burst out into widespread demands from the populace of the capital and a number of radical publicists for the king to be dethroned. Most members of the Assembly, however, were horrified, conniving hastily at the obvious official lie that the keystone of their constitution had been abducted. When the Paris Jacobin club flirted with a republican petition, most deputies seceded from it to form a more moderate 'Feuillant' club; and when crowds gathered in the great military parade ground to the west of the city, the Champ de Mars, to sign the same petition National Guards opened fire on them. The Assembly decided that the constitution must now be quickly finished, and revised at the same time to make it more acceptable to the king, so that normal political life could begin. After hurried changes to exclude religious clauses and limit the freedom of the press and of political clubs, the constitution of 1791 was presented to the king who, having publicly accepted it, was officially reinstated. On the last day of September, the Constituent Assembly came to an end, its members having formally disqualified themselves from sitting in the Legislative Assembly that was now to assume power.

The Legislative Assembly met in an atmosphere of international crisis. For the first time since 1787, the flight to Varennes had made French affairs a subject of concern rather than disdainful satisfaction to foreign powers. In May 1790 the Constituent Assembly had positively renounced war as an instrument of policy, except in self-defence. But after the ignominious recapture of a king who appeared bent on internationalizing his plight, other monarchs were alarmed. In the Declaration of Pillnitz (27 August 1791) the Emperor and the king of Prussia were induced by Louis XVI's two émigré brothers, Artois and Provence, to threaten military intervention. Thousands of army officers had joined the émigrés after Varennes, and were now massing across the frontier dreaming of a return with foreign armies. The king and queen shared these dreams; but the new deputies saw them as a provocation. Over the autumn and winter their language became hysterically belligerent towards the German princelings who harboured the émigrés and, behind them, the Habsburg Emperor. They also sought to provoke Louis XVI into compromising himself by passing decrees intensifying penalties against refractory priests and émigrés which they knew he would not sanction. General paranoia was intensified by news of a massive slave uprising in the Caribbean, and the coffee and sugar shortages that followed. Despite fears, evinced by Jacobins like Robespierre, that the debilitated army was in no state to defeat the disciplined forces of Austria and Prussia, most of the country was carried away by war fever. The king (who shared Robespierre's analysis but saw it as a sign of hope for his own rescue) was therefore happy to declare war on the Emperor on 20 April 1792.

Polarization: war

War was the third great polarizing issue of the Revolution. As was intended, it forced everybody to take sides on everything else. It identified the defeat or survival of the Revolution with that of the nation itself, so that critics of anything achieved since 1789 could be plausibly stigmatized as traitors. Most vulnerable to this charge was the king himself, who persisted in his vetoes of laws against refractories and émigrés despite being mobbed in his palace on 20 June by Parisians now calling themselves sansculottes. No doubt his resolution was steeled by news of disasters from the front, as Prussia entered the war and prepared to invade French territory. Even French generals called for peace negotiations. But this too looked like little less than treason, and the Assembly decreed the reinforcement of the line army by National Guard volunteers (*féderés*). As they began to arrive in Paris, those from Marseilles singing a new and bloodthirsty battle hymn that would forever afterwards bear their name, the Prussian commander threatened to destroy Paris if the king was harmed. That completed the identification of Louis XVI with the enemy, and on 10 August an insurrectionary commune of Paris launched a force of sansculottes and *féderés* against the royal palace. The king took refuge with the Assembly while his Swiss life-guards were massacred defending his empty residence; but this did not save his throne. The Assembly voted to suspend the monarchy and convoke a new body elected by manhood suffrage, the Convention, to draw up a republican constitution for the country.

The full impact and implications of the overthrow of monarchy took the rest of the year to become manifest. Meanwhile the Prussians pushed into France, and Paris remained panic-stricken. A provisional executive council dominated by the Parisian demagogue Danton frenziedly attempted to organize defence with a series of draconian emergency powers which filled the prisons with suspects. As patriotic sansculottes were urged to join up, anxiety spread about a possible prison breakout in their absence. On 2 September, as news arrived that the Prussians had captured Verdun, prisons were broken into and their inmates taken out and massacred. The carnage went on for four days, leaving about 1400 victims dead, among them many refractory priests. Although the inflammatory populist journalist Marat urged provincial France to follow the capital's example, news of the massacres horrified opinion both in France and abroad. This was something altogether more serious than the occasional lynchings of 1789 and since, a grim lesson of what happened if the lower orders were not kept under control. Enemies of the Revolution had always predicted bloody chaos; those who wished it well mostly found the massacres equally hard to justify. Everybody in Paris, however, lived henceforth in the fear that they might very well happen again.

And yet within weeks the crisis seemed to be over. On the day before the Convention replaced the Legislative, a French army confronted the Prussian invaders at Valmy and defeated them (20 September). It was the beginning of six months of brilliant military success in which the Austrian Netherlands and the left bank of the Rhine were overrun. By November, intoxicated by the apparent ease of their success, the French were offering 'Fraternity and help to all peoples wishing to recover their liberty' and 'war on the castles, peace to the cottages' in the path of their armies. They promised to implement revolutionary social policies wherever they went, and make churches and nobles pay for the process. 'We cannot be calm', declared the journalist deputy Brissot, consistently the leading advocate of war since October 1791, 'until Europe, all Europe, is in flames.' The challenge was compounded by the fate of Louis XVI. The first act of the Convention was to declare the monarchy abolished. Later it would retrospectively date a new republican calendar from this moment, the Year I of Liberty. That left the question of what to do with 'Louis Capet' or 'Louis the Last'. When it was argued that he should be put on trial for crimes against the nation, some argued that his very overthrow by the populace constituted a trial and guilty verdict. But a trial before the Convention was eventually agreed, the indictment covering the king's whole record since 1789. It took less than two days in December, and despite the defendant's denial of all the charges, there was never any doubt what the verdict would be. Only the sentence was contentious, a decision to execute him passing by a single vote. There were also unsuccessful proposals to subject the result to a referendum, and to grant clemency. But the majority knew that the watching sansculottes would probably not have allowed either; and so on 21 January 1793 the former king went to public execution. 'You have thrown down your gauntlet', Danton exulted in the Convention, 'and this gauntlet is a king's head!'

Civil war and terror

The challenge was soon taken up. Within days of the execution Great Britain and the Dutch Republic joined the Republic's enemies, soon followed by Spain and several Italian states. When the Convention sought to augment its armed forces by conscripting 300,000 new recruits, there was widespread resistance across the west of the country, where the persecution of refractory priests had already caused rioting. In the Vendée, south of the Loire, civil war was soon raging, with

7. 21 January 1793: The execution of Louis XVI. Note the vacant pedestal where his grandfather's statue had previously stood.

the rebels organizing themselves into a self-styled 'Catholic and Royal Army' dedicated to restoring the heirs of the martyred king. Now, too, the war against the Republic's foreign enemies began to go badly. French forces were driven out of the Rhineland and Belgium, where their general deserted to the enemy. The crisis exacerbated long-standing political divisions within the Convention. The advocates of open-ended war, led by Brissot and a number of Bordeaux deputies whom Robespierre called the 'faction of the Gironde' thought that it could and should be conducted without compromising the Revolution's original and representative principles at home. It was they who sought national endorsement of the judgements against the king. And, in the wake of the September massacres, the Girondins argued loudly against the intimidation of the Convention's proceedings by the bloodstained populace of Paris. These stances won them expulsion from the Jacobin club, whose leaders, such as Robespierre, were soon called Montagnards (literally 'mountain men', from the high benches they occupied in the Convention). Montagnards, apart from personal dislike, thought the Girondins' vendetta against Paris suicidally distracting from more practical priorities. They saw no safe alternative to humouring the sansculottes, even if that meant turning a blind eye to their more violent instincts and excesses. By May, with bad news arriving from all sides, they had concluded that the only way to silence the Girondins was to accept sansculotte demands for their expulsion from the Convention. On 2 June, 29 of them were arrested.

The immediate effect was only to intensify the crisis. Already restive at their inability to influence events in Paris, several provincial cities now came out into open revolt. Over the summer, Marseille, Bordeaux, and Lyon were beyond the Convention's control, and at the end of August the great Mediterranean naval port of Toulon surrendered to the British. On 13 July, meanwhile, Marat, the journalistic idol of the sansculottes, was assassinated in his bath by Charlotte Corday, an insurgent from Caen. Much of this so-called 'Federalist Revolt' was not counter-revolutionary in the way the Vendée uprising quite explicitly was. It was a protest against extremism and instability in the capital. But rebellion, however motivated, in time of war was undoubtedly treasonable; and as, over the autumn, the Convention's forces re-established control over centres which proved unable to coordinate their efforts, rebel leaders and activists paid the traitors' penalty. Almost 14,000 were sentenced to death by special courts in the provinces over the autumn and winter. Over half were in the west, where the last Vendéan army was defeated in December. Some were shot or drowned, but most died under the instrument that had dispatched the king, the guillotine – introduced only in April 1792 and designed as a humane means of execution by rational men who failed to foresee the effect of the rivers of blood it released when used on large numbers of victims.

The aim of such retribution was as much to terrorize as to punish; and by September the sansculottes, unable to understand why the elimination of their legislator enemies had not produced more positive results, were pressing for terror to be adopted as a principle of government. Intimidated once more by mass demonstrations on 5 September, the Convention declared terror the order of the day. Within a few weeks it had decreed the arrest of all suspects, expanded a revolutionary tribunal established earlier in the year to try political crimes, imposed price controls on all basic commodities (the 'maximum'), and authorized so-called 'revolutionary armies' of sansculottes to force peasants to disgorge their surpluses to feed the cities. The government of the Republic was now to be 'revolutionary until the peace' – centralized, arbitrary, and armed with emergency powers, all the very opposite of the constitutional conduct of affairs to which the Revolution had committed itself from the outset.

Now the Girondins arrested in June, and the hated widow of Louis XVI, Marie-Antoinette, were sent to the scaffold, for what they symbolized as much as for what they had done. A number of deputies, dispatched to disturbed provinces as 'representatives on mission' and invested with the full powers of the Convention also began to identify, reasonably enough in many cases, religion as the life-blood of counter-revolution. They decided to 'dechristianize' their districts, and by November this fashion reached Paris. As a new 'revolutionary calendar' replaced the old Christian one, large numbers of churches began to be closed. The aim was to stamp out all forms of Christian practice if not belief. The government, now largely vested in the hands of the Convention's Committee of Public Safety, never officially sponsored a policy which it recognized as likely to alienate more citizens than it won over, but before it was strong enough to stem the dechristianizing tide in the spring of 1794, virtually every church in France had been closed down, and throughout much of this 'Year II of Liberty' most priests were in exile or hiding.

Terror appeared to have achieved its purpose of crushing internal opposition from every quarter. Even the sansculottes, drafted into the service of a ruthless and decisive state, seemed satisfied. The fortunes of war were improving too. The *levée en masse*, an attempt to mobilize the Nation's entire human resources, proclaimed in August 1793, was helping to man and equip armies of unprecedented size. Late in December the British were driven from Toulon, and by the spring the Republic's territory was once more free from foreign occupation. By now some deputies were arguing for an end to terror. When popular leaders in Paris, called Hébertistes after their journalist spokesman Hébert, attempted to silence terror's critics by mounting a *coup d'état*, they were outmanoeuvred by the Committee of Public Safety and themselves guillotined. But Robespierre, increasingly the dominant voice on the committee, was also suspicious of the self-serving motives of the so-called 'indulgents', all friends of the unpredictable Danton, and three weeks later (5 April 1794) it was their turn to be executed. The rhythm of terror began to accelerate again, and with all political trials now channelled through the Paris revolutionary tribunal, the 2000 victims condemned there down to July made more impact on the world outside than the thousands more who had perished in previous months in the provinces. In early June the last judicial safeguards for innocence

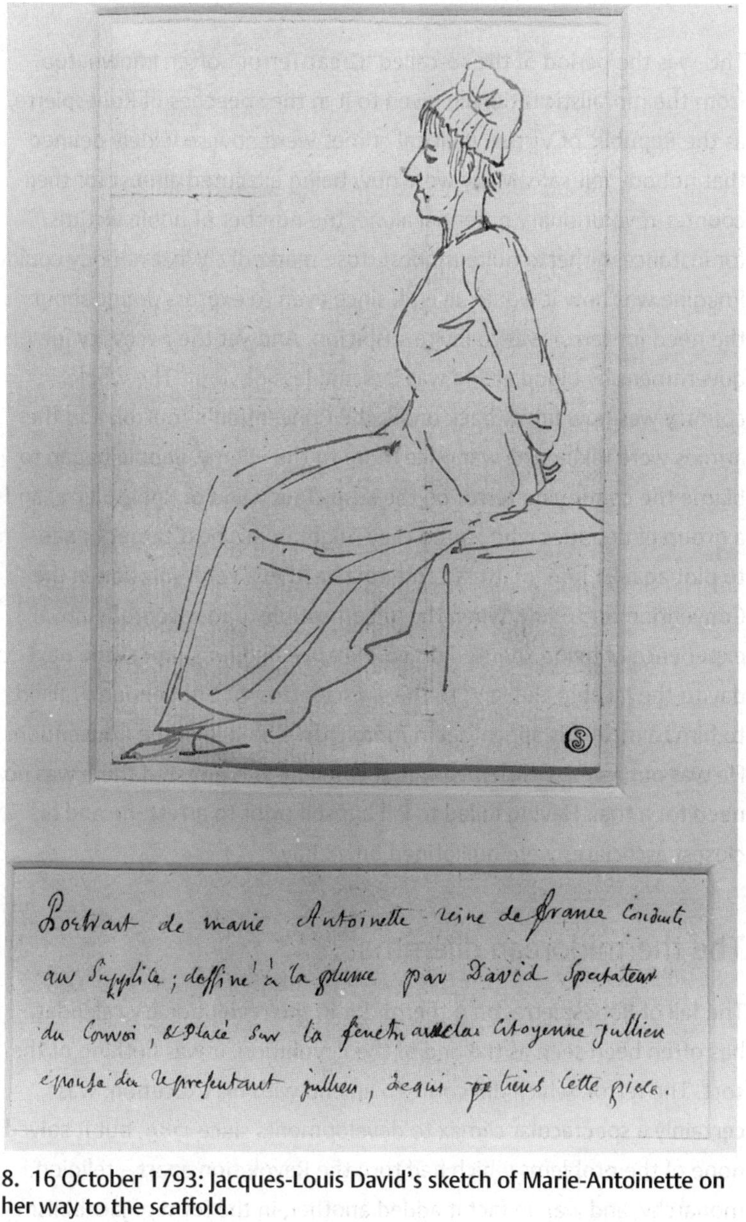

8. 16 October 1793: Jacques-Louis David's sketch of Marie-Antoinette on her way to the scaffold.

were removed by the notorious Law of 22 prairial, two days after the introduction under Robespierre's sponsorship of a new, non-Christian state religion, the cult of the Supreme Being.

This was the period of the so-called 'Great Terror', often known, too, from the moralistic rationale given to it in the speeches of Robespierre, as the Republic of Virtue. Political crimes were now so widely defined that nobody felt safe. Many were now being executed almost for their counter-revolutionary potential alone: the number of noble victims, for instance, hitherto quite modest, rose markedly. What nobody could imagine was how it would all end, since even to express doubt about the need for terror was to invite suspicion. And yet the necessity for government by bloodletting was less and less obvious. The whole country was now firmly back under the Convention's control, and the armies were taking the war once more to the enemy. People began to blame the continuing terror on the suspicious mind of Robespierre, and a group of deputies who feared they might be his next target began to plot against him. Matters came to a head in a confrontation in the Convention on 26 July, when the 'Incorruptible' underwent the novel experience of being shouted down. He appealed for support the next day to the Jacobin club and to the sansculottes; but not enough rallied to him to make his appeal seem more than defiance of the Convention. He was outlawed, which meant that when he was arrested there was no need for a trial. Having failed to kill himself prior to arrest, he and his closest associates were guillotined on 28 July.

The thermidorean dilemma

The fall of Robespierre, on 9 thermidor in the revolutionary calendar, has often been seen as the end of the Revolution. It was nothing of the sort. The terror, which did come to an end with his execution, was certainly a spectacular climax to developments since 1789, but it solved none of the problems which had torn the Revolution apart – religion, monarchy, and war. In fact it added another, in the form of Jacobinism.

Outside France, the term had become as early as 1790 shorthand for all the Revolution's excesses. Now it began to acquire the same connotations in France – a legacy of clubs, populism, social levelling, and authoritarianism in the name of these principles, all underpinned by terror. The so-called Thermidoreans in the Convention who had taken over power were committed to dismantling all that had made Jacobinism possible. Thus the prisons were emptied of suspects, the Jacobin club and its affiliates closed, economic controls like the maximum abandoned. The *assignats*, whose value had been eroded by massive overissue after war broke out, had been somewhat sustained as legal tender by the controlled economy of the Year II: now they went into free fall. As in 1788–9 accidents of nature exacerbated the situation. A mediocre harvest and perhaps the coldest winter since 1709 left the sansculottes so miserable that by the spring they were clamouring for a return to the times when bread and blood were both plentiful. In April and May (germinal and prairial in the revolutionary calendar) the Convention was twice mobbed by angry crowds and a deputy was lynched. But they lacked the old organization, and for the first time since 1789 the authorities felt they could rely on soldiers to restore domestic order. The Convention spurned the insurgents' demands; and although latter-day Jacobins would continue to dream of a return to the Year II, the people of Paris were finished as a political force for two generations. Hitherto persecuted Catholics and Royalists now began to take their revenge. In Paris, extravagantly clad 'gilded youths' beat up veteran sansculottes and Jacobin activists, while in the south a far-reaching 'White Terror' brought informal but brutal retribution to those who had wielded local power during the Year II.

If the recent past had been a series of terrible mistakes, when had they begun? Probably, thought the Thermidoreans, in 1791. Their dream was to recover the lost consensus and civic idealism of the early revolution. That meant conciliating those alienated in the meantime – Catholics and Royalists. And so although the Republic now disclaimed any religion, churches were allowed to reopen, and the policy of depopulation applied in the Vendée over the Year II was ostentatiously abandoned. Serious talk was also heard in the spring of 1795 of restoring monarchy in the person of Louis XVI's surviving son, a sickly child who might be made acceptable by a carefully controlled, public-spirited education. These hopes, however, were destroyed in June 1795 when 'Louis XVII' died; and from his exile in Verona the next month, his uncle the Count de Provence proclaimed his own succession as Louis XVIII in a chillingly uncompromising declaration which promised an almost total restoration of the old regime in the event of his return. That obviously meant giving back national lands to the Church and to émigrés who had incurred confiscation once war broke out. Some émigrés chose this moment to demonstrate their continued intransigence by attempting to invade Brittany with British support in the hope of marching on Paris at the head of a horde of Breton Royalists. They never got beyond the beaches at Quiberon and were shot in their hundreds by their republican captors.

All this blighted any hopes of a restoration. Yet, conscious that the Convention had been elected to give France a new constitution, the deputies knew they had now sat long enough. Technically, a constitution already existed: an extremely democratic one, embodying various provisions for social welfare and even the right to legalized insurrection, had been framed and adopted in 1793 in the aftermath of the downfall of the Girondins. It had been suspended at once for the war's duration. The insurgents of germinal and prairial had called for it to be implemented, but that alone ensured that it was unthinkable. Accordingly the Convention spent the summer of 1795 elaborating a new republican constitution, more heavily dependent on large property owners even than that of 1791. It was full of elaborate checks and balances, including annual elections and a constantly rotating five-man executive, the Directory. Nor did its drafters make what they saw as the fundamental mistake of 1791 by excluding themselves from the new machinery. Indeed, they insisted that two-thirds of the first deputies in the two new legislative 'councils' should be drawn from their own ranks. Royalists, who had hoped that they might win free elections, were outraged, but a mass protest in Paris was dispersed by the army under the command of young general Bonaparte (insurrection of vendémiaire: 5 October).

The Directory

During all this time, French armies had been triumphant everywhere. Belgium was overrun, and annexed under the doctrine first proclaimed in 1793, of France's 'natural' frontiers along the Rhine. The Dutch Republic was invaded, and surrendered. The Prussians and the Spaniards made peace. By the end of 1795 only the Austrians and the British were still at war with the Republic, and neither of them threatened its territory. For 1796 a knockout blow was planned against the Emperor, with armies striking towards Vienna from Germany and Italy. The Italian command was given to Bonaparte. The front was supposed to be secondary, but in the twelve months from April 1796 he drove the Austrians out of Italy to within striking distance of their capital, and on his own initiative concluded peace preliminaries at Leoben.

Even the British were now negotiating; but the results of the first regular elections under the constitution of 1795 led all parties to drag their feet. The Directory had begun, in the aftermath of the vendémiaire insurrection, in a militant mood, and concessions were made to Jacobins persecuted since germinal and prairial. But they emerged radicalized from prison and hiding, and by the spring of 1796 some were calling for the 1793 constitution and the equalization of property. Forced underground again, a small group led by the journalist Babeuf plotted a coup. This 'conspiracy of equals', the first attempt at communistic revolution in history, was soon thwarted; but it provoked a new swing to the right which was reflected in the results of the 1797 elections. In a reaction against the remaining 'perpetuals' of the Convention, conservative and Royalist deputies were much reinforced, giving the

British and Austrians hopes of a more advantageous peace than their military position warranted. Fearing that the fruits of his Italian victories might be jeopardized, Bonaparte gave his support to three of the directors equally alarmed by the reactionary tide. In the coup of fructidor Year V (September 1797), election results were annulled in over half the departments, and 177 deputies were purged. Both subsequent rounds of election under the directorial constitution, in 1798 and 1799, would also be adjusted in accordance with political convenience; so that this constitution was never allowed the time and opportunity to work freely. There is little wonder that so few in 1799 would mourn its passing.

Meanwhile fructidor seemed to justify itself by results. The very next month the Austrians made peace at Campo Formio, recognizing the loss of Belgium and their old Italian possessions, now transformed by Bonaparte into the Cisalpine Republic, a French puppet state. At home, a confident new Directory broke the Revolution's longest-standing commitment by renouncing most of the state's debts. It acted too with renewed harshness against priests and nobles. The British, however, so far from following their Austrian allies in coming to terms, now chose to fight on alone, emphasizing their naval power in October 1797 in the victory of Camperdown. Bonaparte, back from Italy, was put in charge of invasion plans; but soon decided that the commercial British were more likely to make peace if France could threaten the source of their wealth in India. This at any rate was the main justification for his expedition to Egypt in May 1798 – although the directors were happy enough to see such an ambitious general go. The diplomatic effect, however, especially after Nelson cut him off in Egypt by destroying his fleet at the battle of the Nile in August, was to trigger the formation of a new coalition led by Russia. When Austria allowed Russian troops to cross her territory to reach the French adversary in Italy, the whole peninsula rose up against the puppet regimes set up there by Bonaparte and his successors. The French withdrew, taking the pope with them as a prisoner, and he died in French captivity. Suddenly the Republic seemed as dangerously isolated as in 1793. Was the answer the same as it had been then? Amid talk of forced loans and hostage-taking, General Jourdan moved a comprehensive law on conscription. The effect was to stir up the west once more, and produce a new Vendée in the form of a priest-led peasant uprising in the annexed Belgian territories (October 1798). It was soon put down, but the military crisis lasted until new victories the next summer, and prolonged political uncertainties as neo-Jacobins opened clubs and clamoured for emergency measures to save the country. Sieyès, re-emerging as a director after years of prudent obscurity, concluded that the constitution was unworkable. What France needed was 'authority from above, confidence from below'. He cast about for a reliable general to help him mount a coup. It was at this moment that Napoleon Bonaparte made his famous escape from the isolation of Egypt.

Napoleon

He was more than willing to cooperate with Sieyès in dissolving the legislative councils in brumaire Year VIII (November 1799), but he, rather than his would-be patron had the decisive voice in framing the new authoritarian constitution which was promulgated after a hasty referendum in December. It invested Napoleon with practically limitless powers as First Consul of the Republic. 'Citizens', he proclaimed, 'the Revolution is established on the principles with which it began. It is over.'

None of this was true, but over the next two years Napoleon ensured that the second sentence at least began to seem credible. By defeating the Austrians (himself at Marengo in 1800, and through General Moreau at Hohenlinden the next year) he ended the war on the continent. The war-weary British gave up the struggle too in 1802 at the peace of Amiens. The revolutionary war was won, in a complete victory for France. That in turn gave Napoleon the strength to dash all Louis XVIII's hopes that he might prove the instrument of a Bourbon restoration. If

France was to have a monarch, Napoleon himself was now a more credible candidate, as he was to demonstrate by crowning himself in 1804. By then, too, he had deprived the Bourbons of their main source of support by settling the quarrel between France and Rome. Under the concordat negotiated with a new pope, Pius VII, in 1801, open Catholic worship was restored in France and paid for by the state. But to secure this deal, the pope was forced to recognize Napoleon's one precondition: that the lands of the Church confiscated and sold since 1789 were gone for ever. Their new owners could at last feel secure in their gains, and became natural supporters of the new regime, rather than of the only parties hitherto to promise them such guarantees – the discredited Directory, and the bloodstained Jacobins. The Brumaire coup itself had been glorified as saving the country from these two tainted prescriptions, and shortly afterwards the last Jacobin activists were rounded up and blamed when desperate Royalists tried to assassinate the First Consul. The nationwide sigh of relief was practically audible. Napoleonic rule would bring its own problems and contradictions, but it endured because it began by resolving others that had torn the country apart for more than a decade.

Chapter 4
What it ended

The initial impulse of the French Revolution was destructive. The revolutionaries wanted to abolish what, by the end of 1789, everybody was calling the old or former order, the ancien régime. When, in the summer of 1791, the Constituent Assembly finalized the constitution on which it had been working since June 1789, the deputies thought it would be useful in such a fundamental document to list the main things that their revolution had got rid of, what they called 'the institutions which wounded liberty and equality of rights'. And so the constitution declared that:

> There is no longer either a nobility or a peerage, or hereditary distinctions, or distinctions of orders, or a feudal regime, or any of the corporations or decorations for which proofs of nobility were required, or which implied distinctions of birth, or any other superiority but that of public officials in the exercise of their duties.
>
> There is no longer venality or heredity of public office.
>
> There is no longer for any part of the nation or for any individual any privilege or exception to the common law of all the French.
>
> There are no longer either guilds, or corporations of professions, arts and crafts.

> The law no longer recognizes either religious vows or any other engagement contrary to natural rights and the constitution.

The list was far from exhaustive. In the constitution, it came immediately after the Declaration of the Rights of Man and the Citizen, which by proclaiming a number of principles of political and civil life, implicitly condemned practices opposed to them in previous times. The extended declaration which prefaced the never-implemented constitution of 1793 made this even more clear: 'The necessity of declaring these rights presupposes the presence or the recent memory of despotism.' As the Revolution proceeded, the range of its destructive ambitions widened. By 1793 they were so comprehensive that an outraged priest coined a new word to describe them: *vandalism*, evoking the anti-Christian depredations of ancient barbarians. On the other hand, the Revolution's destructive achievements often fell far short of its ambitions; and what the men of 1789 or 1793 thought they had abolished forever often reappeared, and quite soon, in forms ostensibly different but which those who had survived had no difficulty in recognizing with dismay.

Despotism

The Revolution began as an attack on despotism. Montesquieu had defined it in *De l'Esprit des lois* (1748) as the rule of one, according to no law. Obeying no law, despotic authority was arbitrary, and its animating spirit was fear. As usual, regular usage soon diluted the original rigour of the word's meaning. Already by 1762, Rousseau was implying in his *Social Contract* that there was no meaningful difference between the authority of a despot and that of a monarch. By the end of that decade despotism was widely understood as the abuse of monarchical power, and indeed of any sort of authority. By 1789 this had come to mean above all imposing taxation without consent, arbitrary powers of arrest and imprisonment, stifling freedom of expression and opinion, and the activities of all who served these purposes, such as ministers and intendants. In a word, no distinction was now drawn between despotism, tyranny, and absolute monarchy.

The Revolution provided an opportunity to dispense with it all. By locating sovereign power in the Nation, it made the king France's servant, not its master. By subjecting him and all other officials to a constitution, it sought to replace the rule of arbitrariness by the rule of law. There was of course plenty of law under the old regime – too much, the revolutionaries thought. They saw one of their longer-term tasks as its simplification and codification. But the king had appeared able to override any of it with impunity. That was why the Bastille was such a powerful symbol – it was where unnamed state prisoners could be confined without trial, under the notorious *lettres de cachet*, sealed warrants signed by the king and revocable only by him. Once demolished, the Bastille was never rebuilt, and all that remains where it once stood is the outline of its plan in the cobblestones. Almost as powerfully symbolic was the abandonment of Versailles on 6 October 1789, the great palace which Louis XIV had made the seat of absolute monarchy. It was too big to demolish (though not to vandalize) but not even Napoleon, whose real power dwarfed that wielded by Louis XVI, thought it wise to move in there when he became a crowned ruler with a court. It evoked too many undesirable memories. Nor did Louis XVI's brothers return there after the Bourbons were restored in 1815. Even they recognized that the old nerve-centre of absolute monarchy was an inappropriate residence for constitutional rulers. Louis-Philippe, who followed them, saw that its only possible use now was as a museum.

Aristocracy

But Versailles was more than a symbol of political authority. With its glittering population of titled courtiers, it also symbolized a whole social system dominated by a privileged nobility. From the autumn of 1788, the Revolution acquired a social thrust, and that thrust was anti-noble.

By the middle of 1789, *aristocracy* was the term used to encapsulate all that the Revolution was against. It was the quarrel over the form of the Estates-General which brought these preoccupations to the surface, and the loud and prolonged resistance of most nobles to giving up the guaranteed share of future political power that the 'forms of 1614' held out to them. Insults and exaggerations exchanged then could not be expunged; and despite the constructive role played by many noble deputies once the orders were merged, the emigration of others, and the gratuitously obstructionist behaviour of some who remained, ensured that suspicions about the nobility never died away. In June 1790 nobility itself, and the display of its appurtenances like titles and coats of arms, were forbidden by law, which only increased the sense among most nobles that they were aliens in the land of their birth. After fructidor in 1797, in the reaction against the renewed threat of royalism, nobles were indeed legally made aliens, and deprived of their rights as French citizens. They were now *ci-devants*, relics of a former time, no better than the thousands of their traitrous relatives who had emigrated rather than live in a country so changed.

Once war began, émigrés who refused to return, and for a time even those related to them, were deprived of their property. It was added to the saleable stock of national lands. But noble property was under attack almost from the beginning, in the form of the 'feudal regime' abolished on the night of 4 August 1789. Feudal rights were not always very lucrative, and their incidence varied enormously. But there was no doubt of their vast symbolic significance, as earlier peasant attacks on weather vanes and other lordly appurtenances bear witness. And although, recognized by the Assembly as a form of property, dues were supposed to go on being levied until bought out, most peasants stopped paying them at once and never offered compensation. In 1793, the Convention confirmed the *fait accompli*, and the 'time of the lords' rapidly became a mere folk memory. But the abolition of the feudal regime was only the most direct blow suffered by nobles as a result of the night of 4 August. What began as an attempt to pacify the peasantry soon broadened out into an attack on privileges in general. Nobles were already resigned to the loss of their separate fiscal status, and to a regime of careers open to talents rather than to birth or inheritance. These had been the overwhelming demand of the third estate *cahiers*, and many noble ones had also endorsed them. Now they passed into law. More subtle was the impact of the abolition of venality of offices. The ostensible point was to open the judiciary to talent and ability; but venality had been the source of many of the privileges that had proliferated since the sixteenth century, and through the sale of ennobling offices it had become the main avenue of entry into the nobility. The whole character of the French nobility had been transformed by these procedures; but now it simply ceased to recruit – a recipe for eventual extinction.

Corporatism and privilege

But the bonfire of privileges on 4 August was general. As the implementing decree of 11 August put it: 'All particular privileges of provinces, principalities, countries, cantons, towns and communities of inhabitants, whether pecuniary or of any other nature, are irrevocably abolished, and will remain absorbed into the common law of all French people.' This was to consign the whole chaotic and luxuriant variety of the old regime to oblivion and open the way to a more rational and uniform organization of the country and of society. The old order had been corporative, every organization defining itself by its privileges and monopolies. But the revolutionaries of 1789 did not believe in monopolies of any sort, which they saw as conspiracies against the public or national interest. This included all types of professional organizations and trade guilds, which were abolished by the Allarde Law of 23 April 1791; and combinations of artisans, primitive trade unions, forbidden by the Le Chapelier law of 14 June following, which declared 'the annihilation of all sorts of corporations of citizens of the same calling or profession' to be 'one of the fundamental bases of the French constitution'.

The greatest corporation of all was of course the Church: independently wealthy, largely self-governing, and owing part of its allegiance to a foreign potentate beyond the Alps. As with the nobility, the clergy's loss of separate representation in the Estates-General heralded far more substantial damage. Clerical electors had hoped that the new regime would strengthen the role of the Catholic Church in national life after two generations of philosophic erosion, but instead the clergy found themselves appalled and apprehensive at the uncompensated abolition of tithe on 4 August. Religious freedom, vouchsafed a few weeks later in the Declaration of the Rights of Man and the Citizen, was a further blow to their spiritual monopoly. The confiscation of Church lands in November spelled the final end of the Church's independence; and made inevitable too the dissolution of monasteries and the abrogation of monastic vows in the following spring. The elective civil constitution of the clergy then destroyed the hierarchical autonomy of the Church, and priestly protests that one way or another it must give its consent to any such changes only aroused the anti-corporative fury of the National Assembly.

The confessional state

It was not surprising that the pope anathematized the civil constitution, and his enmity was only confirmed in September 1791 when France annexed his territories of Avignon and the Comtat-Venaissin. All this meant that, when France went to war the next year, French soldiers would make a particular point of attacking ecclesiastical institutions and installations wherever they went. By the Year II the Republic had even abandoned the 'constitutional' church created under the Constituent Assembly, and had become the enemy of all religious establishment. In September 1794, although the extremes of dechristianization were over, the Republic renounced all religious affiliations; but throughout the Directory there were periodic crackdowns on suspect refractory clergy, when hundreds were sent to the 'dry guillotine' of Guiana in South America, while in Germany and

Italy territories ruled by the Church were secularized. The young Napoleon, still making his reputation, was too cautious to do more than bully the pope. But generals who succeeded him in 1798 dissolved the papal states, set up a secular 'Roman Republic', and carried the pontiff off to captivity in France. Many thought that when Pius VI died there in August 1799 the papacy itself had come to an end.

Dynastic diplomacy

It was saved by the Austrians, who allowed a conclave to meet in Venice several months later. They did it mainly to spite the French enemy which had plagued them since 1792. In diplomatic terms the wars of the French Revolution brought to an end an uneasy and unpopular alliance with Austria which went back to 1755 and was blamed both for the disasters of the Seven Years War and for bringing Marie-Antoinette to France. But even before the break with Austria, the revolutionaries had begun to spurn the old dynastic diplomacy. When in May 1790 the King of Spain called upon France, in the name of the long-standing 'Family Compact' between the Bourbon rulers of the two kingdoms, to back Spain against Great Britain in a territorial dispute over Nootka Sound (on the Pacific coast of North America), the National Assembly refused. The new France, it declared, would only fight to preserve its national territory from attack and not to honour the private compacts of dynasts. 'It is not', one deputy later declared, 'the treaties of princes which govern the rights of nations.' This seemed to turn into something like principle the diplomatic nullity that France had fallen into in 1787, and which the decay of her army in the meantime had only compounded. That decay proved irreversible, as early defeats in the war of 1792 showed; and even if it was the trained artillery of the old regime which saved the new republic at Valmy, by the beginning of 1793 it was obvious that an entirely new sort of army would be required to fight the war of national survival that the conflict so thoughtlessly launched the previous April had become. The new army, capitalizing on the advantage of France's vast population, would be made up largely of citizen conscripts. No longer would its recruitment depend on the volunteering of drifters, its numbers sustained by regiments of foreign mercenaries. Nor would its tactics and behaviour be the self-contained, tightly controlled manoeuvres of old regime forces, dependent on their baggage trains and more concerned to preserve their own expensive existence than to take battle to the enemy. The restraint and timidity of old regime warfare can easily be caricatured and exaggerated; nevertheless it was mild indeed compared with the all-out conflict waged by the French – and, increasingly, their adversaries – over the next generation. So dynastic diplomacy, and the style of warfare which had underpinned it, scarcely survived the 1790s. When Napoleon, who built a career on mastery of the new way of fighting, attempted to buttress his monarchical pretensions by marrying an Austrian princess in 1810, it took only three years before he found himself once more at war with his father-in-law in Vienna.

Colonial slavery

It was of course the costs of war that had brought down the old monarchy, but the crucial element in the escalation of those costs had not been the army. What had been really ruinous was the added burden of naval competition with Great Britain, where the stakes were not dynastic advantage, but worldwide economic hegemony. French hopes here had been blighted by the defeats of the Seven Years War, but not destroyed. And even if helping the Americans to their independence had not yielded the hoped-for benefits, fortunes in the Indian Ocean revived, French islands were the most flourishing in the Caribbean, and the ports serving them, such as Bordeaux and Nantes, were the most spectacularly expanding cities in the kingdom. The Revolution ruined all this for ever. A movement proclaiming equality and freedom provoked turmoil in islands built on slavery and racial discrimination. In Saint-Domingue, the most valuable territory on earth in 1789, chaos among whites and mixed-race creoles opened the way three years later to a massive uprising among the 450,000 black slaves – the greatest slave revolt in history, and the most successful. Attempts to re-establish control in 1793 culminated in the first abolition of slavery in modern times, endorsed by the Convention in Paris in February 1794. But by then renewed war against Great Britain had severed links with overseas colonies. Attempts by Napoleon during the peace of Amiens in 1802 to reimpose slavery by a military expedition to Saint-Domingue also failed, and in its aftermath the former slaves established the independent state of Haiti. Meanwhile the French slave trade had collapsed, and the economy of the great Atlantic ports shrivelled. The population of Bordeaux shrank by 15 per cent between 1790 and 1801, and seven years later Napoleon was shocked by the emptiness of its immense quayside. By then, the main impediment to maritime trade was the British navy, which had completely destroyed its French rival between 1798 and 1805, and used its triumph to impose the tightest blockade ever known on the continental coastline. But when the wars finally ended, there was no hope of ever reconstructing the old Atlantic economy of slaves, sugar, and coffee. When, a generation later, French imperial ambitions revived, Africa and Indochina would be the main targets, and commercial incentives, which had driven the creation of the pre-revolutionary empire, were secondary.

Redrawn maps

And by then not only the French empire had fallen apart. As early as 1795 French armies destroyed the Dutch Republic and, by forcing its successor 'Batavian' sister-republic into an alliance against the British, opened Dutch colonies in three continents to the hostile depredations of the tyrant of the seas. Meanwhile the oldest political entity in Europe, the thousand-year-old Holy Roman Empire of the German Nation, was steadily dismembered, a process accelerated by Napoleon and brought to a conclusion in 1806 when he forced Francis II to resign the imperial crown and retreat into a purely Austrian hereditary monarchy. Nobody ever thought seriously of trying to revive the corpse when Napoleon fell nine years later. When, finally, Napoleon deposed the Spanish Bourbons in 1808 and flooded Spain with French troops, the world's largest and furthest-flung colonial empire absolved itself from any obligation to obey orders from Madrid. Some parts, such as Venezuela, declared their independence almost immediately. Bolívar, the 'Liberator' who led this movement, had once idolized Napoleon as a republican hero and saw the establishment of the French empire as a betrayal of revolutionary ideals. But in any case attempts by the reactionary Ferdinand VII to reimpose the old regime after the Bourbon restoration in Spain merely provoked the whole of Spanish South America into republican resistance. It had triumphed everywhere by the mid-1820s, the last ripples of the republicanism launched in Paris in 1792.

Achievable dreams

For those who lived through all, or even part, of these vast upheavals, the shock was overwhelming. From June 1789 onwards, the diaries and observations of contemporaries echo with wonder and increasing horror at the scale of what was occurring. Nobody was prepared for it. And although from the start revolutionaries were happy to depict their movement as the triumph of eighteenth-century 'philosophy' and Enlightenment (an analysis ruefully accepted by most of their critics and enemies), it is hard to imagine either Voltaire or Rousseau revelling in the events which, from only eleven years after their deaths, were often so glibly attributed to their influence. Robespierre, as proud a disciple as any of the Enlightenment, declared: 'Political writers . . . had in no way foreseen this Revolution.' They had expected that reform, if it came at all, would occur gradually and piecemeal, and would be the work of enlightened authoritarians rather than elected representatives. In these circumstances, the sort of headlong, comprehensive change undertaken by the revolutionaries was exhilarating. The English poet Wordsworth was far from the only person to feel it a blissful moment to be alive, and that change was possible:

Not in Utopia, subterranean fields
Or some secreted island, Heaven knows where!
But in the very world, which is the world
Of all of us . . .

Nothing, in other words, needed to be accepted any more as set in the nature of things. If the mighty French monarchy, the nobility and the feudal law from which it justified its pre-eminence, not to mention the Catholic Church itself, could be challenged and rejected on grounds of rationality, utility, and humanity, then nothing was beyond challenge. Dreams of all sorts were achievable. Rousseau had taught that human society was hopelessly corrupt and corrupting, and that only total change could redeem it. That was why he was such a hero to the revolutionaries: they had proved his vision to be possible. Never again would institutions, habits, or beliefs be accepted merely because this was how they had always been or were (another way of putting it) ordained by God. The Revolution overturned for ever an innocent world of unquestioning compliance where most things seemed beyond change or remedy. The German philosopher Kant, in a famous essay of 1784, had defined Enlightenment as mankind's emancipation from self-imposed immaturity, and unwillingness to think freely for oneself. The proposition was purely intellectual. Kant thought Enlightenment could only progress slowly, and that a revolution would never produce a true reform in ways of thinking. Five years later, he changed his mind. Although he believed that no revolution was ever justified, he convinced himself that what had happened in France was a voluntary surrender of power by Louis XVI, because he recognized that the moment of emancipation from unthinking routines and supine reflexes had suddenly arrived.

Resistance and persistence

And yet: although the Revolution symbolized the assertion of political will against the constraints of history, circumstance, and vested interest, revolutionaries soon found themselves learning the hard lesson that will alone was not enough to destroy the old regime. It fought back; and it is the strength and determination of resistance and counter-revolution that largely explains the ferocity of the terror. And when all the strength that the revolutionaries could muster had been spent, terror abandoned, and Napoleon finally defeated, many of the things that revolutionaries had sought to destroy in and after 1789 were still there, or had rapidly re-emerged. Napoleon himself, whose career is inconceivable without the Revolution, was responsible for many of the revivals. He in turn saw them as the mere recognition of political realities.

Despite dechristianization, religious practice had not been stamped out. In fact, it was the mainspring of opposition to the new order, and showed no sign of abating. The concordat with the pope, however, reconciled Catholics with the new regime by re-establishing their Church. Similarly with nobility. Born a noble himself, Napoleon knew as well as anyone that blue blood could not be abolished short of exterminating all those who believed they possessed it. And so he encouraged émigrés to return, and ignored directorial legislation depriving *ci-devants* of their citizenship. He also knew that the orders and distinctions particularly associated with nobility were the sort of 'baubles by which men are governed'. That was why he introduced the Legion of Honour, with its scarlet ribbons and insignia, in 1802. Finally, in 1808, he set up a full-blown imperial nobility, making special efforts to recruit authentic nobles from the old order to it. By then, of course, he had made himself a hereditary monarch, and he believed that no crowned head could look authentic without a court and a nobility. And his rule was even more absolute than that of the Bourbons, with prefects even more omnicompetent than those hated agents of the old 'despotism', the intendants.

When he fell, moreover, none of this disappeared. Although the line of hereditary succession would twice be interrupted, with the exception of the years 1848–52 France would be a monarchy down to 1870, under either Bourbons or a Bonaparte. Noble status would be officially recognized throughout that time, and in the 1820s émigrés would be compensated by the state for the lands they had lost in the Revolution. Prefects continued to represent authority in the country at large, and even a form of venality of offices re-emerged among notaries and other legal functionaries. The Catholic Church, meanwhile, remained established in its Napoleonic form, its priests paid out of state funds, until 1905. In 1825, Charles X, last surviving brother of Louis XVI, even underwent an elaborate coronation, in the traditional setting of Reims Cathedral, to reconsecrate the bond between his dynasty and God. A casual observer might be forgiven for concluding that all the destructive zeal of the Revolution had achieved nothing.

Illusory restorations

But nothing would be more superficial. Apart from its gaudy trappings, the monarchy of Napoleon had little in common with that of Louis XVI. Consciously imperial, it sought to evoke Charlemagne rather than the Bourbons. There were no built-in vehicles of opposition such as the parlements or provincial estates. The nobility which the Emperor created to decorate his monarchical pretensions was much smaller than its pre-revolutionary namesake, enjoyed no legal privileges, and titles were not even hereditary without a certain level of wealth. Entry was by imperial nomination, not by purchase of venal office. More old nobles shunned the chance of joining such a factitious creation than succumbed to Napoleon's inducements.

Nor was the restored monarchy of Louis XVIII and Charles X at all like that of their martyred brother. In many respects, as has often been said, it was not his throne but Napoleon's that they inherited. None of the old regime governmental apparatus was brought back and the Civil Code remained the backbone of French law. For much of the restoration period the state was compelled to rely on men who had established themselves under the Emperor. And if the old nobility was formally recognized once again, imperial titles were still accepted and the Legion of Honour maintained. On the other hand, the Charter proclaimed by Louis XVIII in 1814, which served as the basis of a constitution down to 1848, was imbued with the spirit of 1789. In practice the restoration monarchy was constitutional, with regular elections to the lower house of a two-chamber legislature, guarantees of individual and press freedom, and equality before the law and in taxation. Above all, perhaps, the Charter, just like Napoleon when his rule began, explicitly confirmed the revolutionary land settlement. Lands confiscated from the Church and the émigrés and then sold on would not be returned to their original owners. Indeed, by granting the indemnity of 1825 to those who had lost lands, the government of Charles X unwittingly endorsed the loss. And so successive regimes professing to deplore the work of the Revolution accepted and guaranteed the massive transfer of property that it had effected.

This alone was enough to ensure that the Catholic Church restored under the concordat bore little resemblance to the former Gallican church. Without lands, endowments, or titles it was dependent on the state for all its material support apart from the pious donations of the faithful. All beneficed clergy were now state nominees. The old chaotic and uneven ecclesiastical geography had gone, too, as had the Church's exemptions and fiscal privileges, and the institutional independence of regular assemblies of the clergy. Nor were monastic orders allowed to re-establish themselves – although without endowments there would in any case have been little prospect of that. Finally, religious toleration ensured that the official confessional unity of the old regime (already crumbling, to clerical outrage, by 1789) had also gone for ever.

Although it liked to depict itself as a restoration of throne and altar, the Bourbon regime that succeeded Napoleon changed little of this. The more extreme, or *ultra*, supporters of the Bourbons would have liked not so much to restore the pre-revolutionary Church, as to make it even stronger than it had been then. They blamed the Revolution on the undermining of religious authority under the old regime. But their only success was the passage of an unenforceable act in 1825 stipulating the death penalty for sacrilege. Meanwhile the pious behaviour of Charles X at his coronation aroused more ridicule than reverence. The cousin who succeeded him as Louis-Philippe after the Revolution of 1830 never made any claims to rule by the grace of God, but merely as the choice of the French Nation.

A world transformed

Attempts outside France to restore what the French Revolution or its influence had smashed were similarly doomed. Here Napoleon made no contribution. His strongest claim, indeed, to be the instrument of the Revolution is perhaps the way he systematically demolished the old order in Italy, Germany, and Spain, annihilating whole states, introducing the Civil Code and the concordat. Only in Poland, wiped off the map by partitioning powers in 1795 in the face of French impotence, and perhaps indifference, did he resurrect an echo of the old order in the Duchy of Warsaw. After all this, there was no prospect that the Congress of Vienna which met to establish a post-Napoleonic Europe could restore anything like the international old regime. In fact, it redrew frontiers and reallocated sovereigns quite as confidently as he had, and did nothing to restore any ecclesiastical principalities except the pope's own in Italy. It is true that all the great powers of the 1780s had re-emerged stronger than ever; but the 'concert of Europe' by which they sought to prevent future conflicts on a Napoleonic scale was entirely new, and owed little beyond a vaguely expressed desire for 'balance' to the ruthless and opportunistic international order of the eighteenth century. Similarly, the 'Holy Alliance' touted by East European monarchs after 1815 was more redolent of the sixteenth century than the eighteenth, and was formed to pre-empt the disruption of Europe by the forces of any other Godless revolution.

Even, therefore, when attempts were made to bring back the old regime or elements of it, these attempts could never be innocent. They were always infused, not only by awareness that it had once fallen, but also by convictions about what had brought it down, and by what might have prevented the disaster. There would be no point in restoring an old regime that was just as vulnerable as before. So no true restoration was ever possible, and although monarchies, nobilities, and churches might all reappear after revolutionary attempts to annihilate them, none of them really resembled their generic namesakes of before 1789. Despite appearances, few of the things attacked by the Revolution truly survived unscathed.

Quite literally, nothing was any longer sacred. All power, all authority, all institutions were now provisional, valid only so long as they could be justified in terms of rationality and utility. In this sense, the French Revolution really did represent the triumph of the Enlightenment, and ushered in the mental world in which we still live.

Chapter 5
What it started

The Revolution began as an assertion of national sovereignty. Nations – not kings, not hereditary elites, not churches – were the supreme source of authority in human affairs. It was this conviction which led the National Assembly in 1790 to declare that France would never make war except in self-defence, and impelled the Convention, two years later as the new Republic appeared to have survived the hostile onslaughts of the leagued despots of Germany, to offer fraternity and help to all peoples seeking to recover their liberty. It only took a few months for the Convention to recognize the impossibility of such an open-ended pledge; and the forces unleashed by the Revolution would be defeated, a generation later, by an alliance of kings supported by intransigent nobles and vengeful priests who spurned any thought that nations could be sovereign. Nevertheless a new principle of political legitimacy had been irrevocably launched, and within a hundred years of the apparent triumph of reaction in 1815, the sovereignty of nations had achieved acceptance throughout Europe and the Americas. In the twentieth century it would be invoked in its turn to expel Europeans from all their overseas colonies.

Totalitarian democracy

What constitutes a nation has remained problematic. Sieyès' definition of 1789, used to lambast the privileges of the nobility, was 'A body of associates living under common laws and represented by the same legislative assembly'. It proved a beginning, but no more – too loose for those who considered language, traditions, and territory at least as important. But nations, once self-defined, have seldom been content over the last two centuries to be governed by authorities not of their own choosing. The revolutionaries of 1789 assumed that national sovereignty could only be exercised representatively, but within ten years Napoleon had begun to show how it could be appropriated to legitimize dictatorship and even monarchy. Each of the steps he took between 1799 and 1804 towards making himself a hereditary emperor was endorsed by a plebiscite responding to a carefully phrased question. The results were never in doubt and all were almost certainly rigged to make them even more emphatic. His nephew Napoleon III would use the same device to give national legitimacy to his own seizure of power in 1851 and 1852; and as recently as 1958 the Fifth Republic was launched by a referendum giving vast powers to General de Gaulle. The world beyond France had to wait mostly until the twentieth century for the techniques of plebiscitary or totalitarian democracy to become widespread; but they were as firmly rooted in the great legitimizing principle of 1789 as any of the more liberal ideals also proclaimed then.

Liberalism

The term 'liberalism' was not invented until Napoleon's power was in decline. It was first used to describe the aspirations of the Cortes of Cadiz between 1810 and 1813 to establish representative government in post-Napoleonic Spain. But what the Spanish liberals dreamed of was based on the political model first established in France by the Constituent Assembly: representative government underpinned by a written constitution guaranteeing a basic range of human rights. These would constitute the minimum demands of political reformers throughout the nineteenth century and down to the overthrow of the last absolute monarchy in Russia in 1917. The essence of liberal beliefs was to be found in the Declaration of the Rights of Man and the Citizen. That meant freedom to vote; freedom of thought, belief, and expression; and freedom from arbitrary imposition or imprisonment. Liberals believed in the equality embodied in the Declaration, which meant equality before the law, equality of rights, and equality of opportunity. They did not, however, believe in equality of property, and one of the main functions of the rule of law which they consistently invoked was to secure property owners in their absolute rights.

Beyond that there was scope for wide disagreement. Not until the twentieth century did more than a small minority accept that women should enjoy the same liberty and equality as men; and during the Revolution the few bold spirits of either sex who made liberal claims on behalf of women were ridiculed or silenced. One reason why French women had to wait so long for the political rights they finally achieved in 1944 was that the politicians of the Third Republic feared that female voters would be dominated by their priests: ever since 1793 women had proved the mainstay of Catholic resistance to revolutionary secularism. Racial equality left liberals ambivalent too. The first stirrings of anti-slavery sentiment in France coincided with the onset of the Revolution, but slaves were property, and their labours underpinned a vast network of wealth and commerce. The dangers of loosening their bonds seemed vividly demonstrated by the great slave uprising in Saint-Domingue in 1791. In an attempt to regain control there, the Convention's representatives proclaimed the abolition of slavery, and in February 1794 their action was confirmed in Paris. The deputies congratulated themselves on being the first rulers ever to abolish slavery – which they were, but only through recognizing a *fait accompli*. Napoleon in any case restored it less than ten years later in islands remaining under French control, and regimes ostensibly more liberal than his maintained it until the revolutionaries of 1848 made it part of their first business to honour the legacy of 1794.

The new Constituent Assembly that made this gesture had been elected by universal manhood suffrage – a further belated homage to a principle used to elect the Convention in 1792 but never since. Even then it had excluded servants and the unemployed. The men of 1789 had been much more restrictive. They believed that only property owners had the right to political representation: if all were now citizens, only those with a minimum level of wealth could be *active* citizens. The distinction reflected a mistrust of popular participation in public life as old as history, but which the events of the Revolution did nothing to dispel. Revolution was born amid riot, intimidation, and bloodshed in the crisis of 1789, and popular violence or the threat of it had flickered throughout the early years before bursting out with appalling carnage in the September Massacres of 1792. Everybody recognized how much the vengeful demands of the sansculottes had done to precipitate terror a year later, so that when, after it ended, the Convention produced the constitution of 1795 it deliberately set out to exclude even more people from public life than in 1791. Thereby a pattern was set for half a century, under which representative regimes would represent only the very rich, people with something to lose; and even unrepresentative regimes, like Napoleon's, would study their interests and seek to rule with their cooperation.

The People

The problematic paradox was that a revolution which ushered in the principles of liberalism could not have come about without popular support. The people of Paris had saved the National Assembly on 14 July, and perhaps in October 1789 as well. What only counter-revolutionaries still dared to call mobs were now manifestations of the people aroused and in action, and voices could always be found to justify their excesses. The ferocious Marat, in his newspaper *The People's*

9. Marat assassinated: Jacques-Louis David's revolutionary pietà.

Friend, built a journalistic career on doing so, and after his assassination in 1793, was revered (and commemorated in David's most memorable painting) as a martyr to the popular cause. By 1792 popular activists were glorying in being 'sansculottes', and after the overthrow of the monarchy populist style and rhetoric dominated public life for about three years, polite forms of dress and address were abandoned, and political rights were equalized (at least among men). An egalitarian constitution was proclaimed or at any rate promised, vouchsafing free education and 'the social guarantee' of welfare support for the indigent, the sick, and the disabled. Meanwhile the rich were mulcted in a forced loan, there was talk of redistributing the property of émigrés and traitors to poor patriots, and prices of basic commodities were kept low by the maximum. All these policies were abandoned after the fall of Robespierre; but almost at once they began to be regarded by many as the lost promise of true social equality. Babeuf and his co-conspirators of 1796 proposed to base their seizure of power on the never-implemented constitution of 1793. Later, Socialists would look back to the Year II of the revolutionary calendar to find the earliest 'anticipations' of their ideals at the moment when the People entered politics for the first time in pursuit of their own interests, rather than as the tools of more powerful manipulators.

Terror

But here too there was a problematic paradox. The Year II was also the time of the terror, whose last phase at least looked very like social revenge in action. Were popular power and terror inseparable? Drawing on theoretical justifications framed at the time by orators such as Robespierre or Saint-Just, some later Socialist or Communist revolutionaries did not shrink from accepting that only extermination would defeat the enemies of the people. There could be no true revolution without terror. And although the nineteenth century shuddered at the memory of the revolutionary tribunal and the show trials it conducted, the twentieth would see them echoed under many regimes claiming legitimacy from revolutions. Many later sympathizers with the Revolution's broad aspirations were understandably reluctant to believe that society could only be made more equal through bloodshed. They, along with liberals who were as concerned by the threats to property heard in the Year II as the threats to life, saw the terror as at best a cruel necessity, forced upon the First Republic not by the inexorable logic of the Revolution but by the force of 'circumstances'. In a country divided by rashly imposed religious choices and the feckless behaviour of Louis XVI and his queen, the fortunes of war dictated extreme measures of national defence as the distinction between opposition and treason became blurred. But the Revolution was a warning of what might happen rather than a prescription of what must.

Left and right

All such perceptions were grounded in the conviction that, however mixed its character, there was more good in the Revolution than bad. This was the view from the left, itself a way of describing politics which originated in the Revolution, when proponents of further change tended in successive assemblies to sit on the left of the president's chair, while conservatives congregated on his right. The right, in fact modern political conservatism, was as much a creation of the French Revolution as all the things it opposed. The instinctive inertia of the ancien régime had gone forever: those who sought to preserve governments, power structures, and social institutions from revolution in the new sense were obliged to formulate unprecedented rationales and strategies for doing so.

Conspirators and revolutionaries

The collapse of the old order, and the headlong changes that followed, took everyone by surprise. In the confusion of the next five years, with ever more horrific news of destruction, outrage, and massacre,

10. The enduring legend: Eugène Delacroix's *Liberty Leading the People* (1830).

bewildered onlookers cast about for explanations for such a boundless upheaval. Hostile observers thought it could only be a conspiracy. As a network of political clubs, the Jacobins, emerged as the vectors of the revolutionary radicalism, it began to be suspected that these were none other than the mysterious freemasons who had proliferated so spectacularly over the eighteenth century. Deistic but tolerant (and condemned twice for that by the Catholic Church) and glorying in secrecy while invoking values such as liberty, equality, and benevolence, masonic aims and ideas seemed in retrospect to be corrosive of all established values – even though the old elites had flocked to join lodges. No credible causal link has ever been established between freemasonry and the French Revolution or indeed the Jacobin clubs, but in 1797 a book purporting to demonstrate their connection in a plot to subvert religion, monarchy, and the social hierarchy was a Europe-wide bestseller. Barruel's *Memoirs to Serve for the History of Jacobinism* remained in print into the twentieth century, reflecting an undying suspicion of a movement that before 1789 had alarmed nobody except a few paranoid priests. So indelibly, indeed, did freemasonry now come to be associated in certain continental countries with republicanism and anti-clericalism, that to join a lodge became a gesture of radical political conviction – which it had never been before the Revolution. Conservative regimes, right down to the Nazis and their Vichy puppets, would accordingly continue to view freemasonry with the deepest suspicion, and would periodically close its networks down.

Nor were such suspicions entirely groundless, in the sense that throughout the nineteenth century many political radicals had come to believe that the way to bring about revolution actually was through secret conspiracies. Before 1789 there was no such thing as a revolutionary. Nobody believed that an established order could be so comprehensively overthrown. But once it was shown to be possible, the history of France in the 1790s became the classic episode of modern history, whether as inspiration or warning, a model for all sides of what to do or what to avoid. Not even sympathizers could afford to accept that conspiracy was not a way to achieve revolution, because otherwise it would be the work of a blind fate beyond the influence of conscious human agency. And so the 1790s themselves saw secret groups plotting revolution in many countries of Europe. In Poland and Ireland they played a significant part in bringing about vast and bloody uprisings. Their defeated leaders who had turned to France for help, men like Tadeusz Kosciuszko and Wolfe Tone, have been revered ever since as prophets or martyrs of national independence. And when the Revolution in France itself began to disappoint its adherents, a genuine Jacobin plot was hatched – but against the new regime rather than the old. The first attempt in history at communist revolution, Babeuf's 'conspiracy of equals' of 1796 failed miserably; but his co-conspirator Buonarroti spent the rest of a long life setting up conspiratorial revolutionary networks, and perpetuated the memory of the first one in a book of 1828 (*Conspiracy for Equality*) which inspired three generations of subversives and became a sacred text of successful Communism after the Russian Revolution of 1917. Throughout the first quarter of the twentieth century, in fact, when Russia experienced two revolutions, French precedents became an obsession among Russian intellectuals, and in 1917 even the leading players brooded constantly on who were the Jacobins, who the Girondins, and whether a Napoleon was lurking among them.

Patterns and paradigms

In France itself, meanwhile, recourse to further revolution had been a standard, and for many people entirely reputable, political option for much of the nineteenth century. When in 1830 Charles X seemed poised to abandon even the attenuated parts of the revolutionary legacy accepted by his brother Louis XVIII as the price for succeeding Napoleon, he was overthrown by three days of insurgency on the streets of Paris. His cousin and successor Louis-Philippe ostentatiously flew the tricolour, and hoped to reconcile the bitterly divided traditions originating in 1789. He failed, and was driven out in his turn by more popular defiance in the revolution of 1848. Another Bonaparte closed this one off, but his defeat in the Franco-Prusssian War led to the bloodiest episode since the terror – the Paris Commune of 1871 in which perhaps 25,000 people died. The very name commune evoked 1792, and many *communards* saw themselves as sansculottes reincarnate, fighting the same enemies as the First Republic – Royalists, Catholics, duplicitous generals, and the greedy rich. Only the last category derived much benefit from their defeat, however, and the Third Republic which emerged from the traumas of the early 1870s would glory in revolutionary imagery and modestly pursue democratic and anti-clerical aspirations first articulated in the 1790s. For half a century after 1917, many French intellectuals regarded the Russian Revolution as the belated fulfilment of the promise of their own, and the historiography of the revolutionary decade was dominated by members of or sympathizers with the French Communist party. But their grip on the Revolution began to be challenged from the mid-1950s, and, as the Soviet empire crumbled in 1989, the hegemonic interpretation of the bicentennial year was that of the neo-conservative, ex-Communist François Furet.

Although he saw terror as inherent in the Revolution from its very beginning, Furet nevertheless saw the revolutionary experience as the foundation of modern political culture. Americans have the best grounds for disputing this, with a founding revolution that preceded the French one by more than a decade. Having helped to make American independence possible, many French contemporaries certainly found the transatlantic example inspiring, but nobody thought it could be transplanted to Europe. By the time that most enduring monument to eighteenth-century political creativity, the United States constitution, was finalized, the French were engaged in their own constitution-making and claiming, with some justice, that their revolution was like no other in history, and owed little except fraternal good feeling to previous upheavals elsewhere. The Americans themselves were soon enough bitterly divided about whether the new France was in any sense the same country which had helped them to independence, and uncertain about how much of its new regime they could admire. Remote from the older continent, ambivalent about contacts with it, and speaking what was still a peripheral language, America was marginalized by the French Revolution until the twentieth century – even if it owed its westward expansion to the sale by Napoleon of Louisiana in 1803.

Conservatism, reaction, and religion

Convinced, meanwhile, that what had allowed an old regime of stability, deference, and order to be overthrown was a lack of vigilance, European conservatism struck out at the sources of subversion. Before the 1790s were out, all governments were rapidly expanding their repressive resources, with a proliferation of spies and informers and experiments with regular public police forces. Lists of suspects would be routinely kept and their movements tracked. Strict censorship would be imposed on all forms of publishing, and the press, blamed for disseminating insubordination and free thought both before and during the Revolution, subjected to the closest supervision. Among the most efficient of these repressive regimes would be that of Napoleon himself, who, although a product of the Revolution, sought to ground his appeal in reassuring property owners that the social threat of Jacobinism had been stifled. Napoleon also recognized that the original, and still the deepest, wound inflicted on France by the Revolution had been the quarrel with the Roman Catholic Church; and nothing did more to bring the Revolution to an end than his concordat with Pius VII. He was convinced, like all conservative regimes after him throughout the nineteenth century, that the firmest support for order and authority lay in a secure and recognized role for organized religion, in which he saw nothing more or less than 'the mystery of the social order'.

Traumatized by the experience of the 1790s, which included the first attempt in history in 1793 to stamp out religious practice entirely, and then the renunciation by the Convention the next year of all religious affiliation (the first overt creation in the history of Europe of a secular state), the Church for its part was only too eager to renew its age-old alliance with secular powers. The experience proved less than satisfactory. Within eight years of concluding the concordat, Pius VII found himself, like his predecessor, a French prisoner, deprived of his central Italian dominions, and about to undergo four years of relentless bullying by Napoleon. From imprisonment on St Helena, the former emperor claimed that he had planned to abolish the papacy outright. The Bourbons who succeeded him were much friendlier towards the Church, but they had long given up any idea of returning it to its position of before 1789. An attempt to renegotiate the concordat foundered, and the new regime confirmed the loss of Church lands which Napoleon had insisted the pope accept as a precondition of the original negotiation. From now on the fortunes of the Church echoed every vicissitude in the French state throughout a turbulent century; and when eventually that state became a republic vaunting its descent from the one which had severed all links between Church and state in 1794, the course was set for a separation which eventually occurred in 1905. Beyond France meanwhile, although the pope received his Italian territories back in 1814, ecclesiastical rule was not restored anywhere else in Europe, and Italian nationalists increasingly regarded the papal states as the main obstacle to unifying the peninsula. Until the downfall of Napoleon III in 1870, monarchical France was the papacy's main supporter; but, increasingly embattled, Pius IX fell back upon powers that were not of this world. The end of French support, and with it the absorption of former papal territories into the new kingdom of Italy, coincided with the promulgation by the Vatican Council of the doctrine of papal infallibility – never before unambiguously claimed for fear of the reactions of secular rulers. And what the experience of Church–state relations had demonstrated since 1790 was that faith was at least as likely to flourish without the backing of the state as with it. The lesson was reinforced when the new German empire launched the *Kulturkampf* against the Catholic Church in the 1870s. Rome would continue to anathematize the French Revolution as the origin of modern impiety and anti-clericalism, a change happily accepted by all those who gloried in these attitudes. But the traumas of the 1790s also began a process of slow recognition within the Church that it might be better off independent of secular authority, free to make its own decisions and demanding only toleration for its practices and activities. When power was offered it, as in mid-twentieth-century Spain, or in Ireland, the clergy still found it hard to resist; but in a world (again traceable to the French Revolution) where regular political change was normal and to be expected, the unwisdom of identifying too closely with any regime, however sympathetic, has become more and more obvious to thoughtful churchmen.

The Church continued, after all, to pay the penalty of clinging too closely to reactionary and repressive regimes throughout the nineteenth century. As late as the 1920s, the later stages of the Mexican revolution brought conscious echoes of the dechristianization of 1793, and the *Cristero* revolt of devout Indians in support of the embattled church recalled the Vendée revolt of that same year. The last great triumph of extreme anti-clericalism, however, struck not so much at the Catholic Church (or at least not until it reached Poland, Czechoslovakia, and Hungary after 1945) as the Russian Orthodox. By 1922, Lenin had 'reached the firm conclusion that we must now instigate a decisive and merciless battle against the clergy, we must suppress their opposition with so much cruelty that they will not forget it for several decades. The more . . . we succeed in shooting for this reason, the better'. Like several of the more zealous dechristianizers of 1793, Stalin had trained before the Revolution as a priest, and the Soviet Union under his rule was officially committed to atheism and the eradication of 'superstition'. Most churches were closed, many demolished, and devotion was largely kept alive (as in France in the 1790s) by peasant women. These policies were maintained, although less ruthlessly, after his death; and yet the Church re-emerged as the Soviet Union collapsed. Its East European satellite regimes, meanwhile, knew better than to confront the Catholic Church too fiercely. The emergence of a pope from Poland in 1978 might be seen, in retrospect, as a sign of the Church's recovering confidence at the moment when an ideology of extreme secularism first formulated almost two centuries earlier was beginning to crumble.

Rationalization

The revolutionary critique of religion, even before it became an all-out attack, was part of the wider commitment of the men of 1789 to promoting rationality in human affairs. The collapse of the old regime, they thought, presented them with an opportunity to take control of their circumstances and remould them according to a conscious plan or set of principles. Nobody before had ever had such an extraordinary chance. When their armies and Napoleon's in turn overthrew other old regimes, they gave their subjects – forced upon them, indeed – the same chance. The keynote of all the new arrangements and institutions which now appeared was rationality and uniformity. Administrative maps and boundaries were redrawn, divisions equalized, anomalies of all sorts eliminated. The departments into which France was then divided remained unmodified until the twentieth century. Uniformity of means of exchange and communication was also introduced – currency, weights and measures, and language; underpinned by a centralized and carefully regulated system of education, and a simple, concise code of laws. Some of these things were only sketched out or barely begun in the 1790s; but the drive and singleness of purpose of Napoleon fixed most of them firmly in place and established them all as goals to be pursued by successive regimes. This was how modern states organized themselves. It is true that, under the inexorable pressure of interstate competition, moves in this direction had already been underway in a number of countries before 1789: but they were bitterly contentious, and it was contention over just such moves that brought down the French old regime. The Revolution swept the institutions and forces of resistance aside, both in France and wherever else French power reached. In so doing, it offered an object lesson to all regimes of how easy modernization could be, given determination.

Or so it seemed. In reality, the victories of the French Revolution had been far from easy. They had only been secured though paranoid savagery at home and military ruthlessness abroad. To the 16,000 official victims of the terror should be added perhaps 150,000 more who perished in the fighting and reprisals of 1793–4. The devastated Vendée, in fact, has been identified by some of its most recent historians as the first modern attempt at genocide. The wars against old regime Europe between 1792 and 1815 cost the lives of well over 5 million Europeans (1.4 million of them French) – a slaughter as great, although over a longer period, as that of the war of 1914–18. Such costs were overlooked, or brushed aside, by later observers inspired by the ambitions and achievements of the revolutionaries. The corollary was that when such enthusiasts triumphed, as in twentieth-century Russia, the carnage was repeated. Nor have the victories achieved at such cost endured.

A limited legacy

The legacy of the French Revolution to the nineteenth century, we have seen in this chapter, was momentous, but always partial and often paradoxical. The regimes of revolutionary Communism established in the twentieth century have not outlasted it in Europe, and those still surviving beyond are transforming themselves in ways which would have outraged their founding fathers. What has defeated the revolutionary impulse in the long term is the persistence of cultural diversity. Rationalizing ideologies imposed by state power, and the intellectuals and administrators who have placed such faith in them since 1789, have never succeeded in effacing the importance of less rational sources of identity in habits, traditions, religious beliefs, regional and local loyalties, or distinct languages. Perhaps the most ambitious of all the Revolution's rationalizations was the attempt to restart time itself from the founding of the republic in September 1792. The very months were rescheduled and renamed, and seven-day weeks replaced by ten-day 'decades'. It never caught on, and the revolutionary calendar was officially abandoned by Napoleon at the end of the year XIV (1806). It was a portent of many other failures of reason in the face of human resistance or indifference. And with the collapse since the mid-1980s of most of the world's regimes of Communist universalism, these forces have re-emerged with renewed vigour. Even in countries where Communism never triumphed in the twentieth century, including France, decentralization and devolution, acknowledgement of linguistic diversity, and abandonment by the state of obligations too readily assumed or acquired, marked the last two decades of the twentieth century. As the bicentenary of 1989 recedes, what was intended as a celebration of the enduring values launched by the Revolution begins to seem more like their funeral.

Chapter 6
Where it stands

'The whole business now seems over', wrote the English observer Arthur Young in Paris on 27 June 1789, 'and the revolution complete.' People would repeatedly make the same observation, usually more in hope than conviction, over the next ten years until Napoleon officially proclaimed the end of the Revolution in December 1799. Even then all he meant was the end of a series of spectacular events in France; he was to continue to export them for another sixteen years. Besides, the Revolution was not simply a meaningless sequence of upheavals. These conflicts were about principles and ideas which continued to clash throughout the nineteenth century, and would be reinvigorated by the triumphs of Marxist Communism in the twentieth. Thus it still seemed outrageous to many French intellectuals when, in 1978, the historian François Furet proclaimed, at the start of a celebrated essay, that 'The French Revolution is finished' (*terminée*).

A historical challenge

What he meant was that the Revolution was now, or ought to be, a subject for historical enquiry as detached and dispassionate as that of medievalists studying (his example) the Merovingian kings. Whereas the history of the Revolution as it has been written in France for much of the twentieth century had been more a matter of commemoration than scholarly analysis, its legitimacy monopolized by a succession of

Communists or fellow-travellers entrenched in the university hierarchy. Furet's attack was suffused with personal history. Though a Sorbonne graduate, he had always despised the university world, and had built a career in the rival *Ecole pratique des Hautes Etudes* (later EHESS). A Communist in youth, like so many others he was disillusioned by the Soviet invasion of Hungary in 1956, and renounced the party. And when he and a fellow apostate, Denis Richet, wrote a new history of the Revolution in 1965, they were unanimously denounced by leading specialists in the subject as intruders, not qualified in the subject, who, in offering an interpretation suggesting that it had 'skidded off course', had traduced the Revolution's essential unity of purpose and direction. By 1978 Furet had abandoned this view, but not the enmities it had aroused. For the rest of his life (he died in 1997), he pressed home his attack, particularly during the debates of the bicentenary. As that year came to an end, he cheerfully proclaimed that he had won.

The classic interpretation

What had he defeated? He called it the 'Jacobino-Marxist Vulgate'. His opponents called it the 'classic' interpretation of the Revolution. Its basis was (and is, since despite Furet's triumphalism it retains many adherents) the conviction that the Revolution was a force for progress. The fruit and vindication of the Enlightenment, it set out to emancipate not just the French, but humanity as a whole, from the grip of superstition, prejudice, routine, and unjustifiable social inequities by resolute and democratic political action. This was the 'Jacobin' bedrock, differing little from the professions of countless clubbists in the 1790s. As a historical interpretation, it built on the work of nineteenth-century custodians of revolutionary traditions, most famously perhaps Jules Michelet, that apocalyptic idolizer of 'The People'. Confident and complacent, the Jacobin perspective was disturbed only by the terror, which it did not seek to defend except as a cruel necessity and a reflex of national defence.

Around the turn of the twentieth century, this historiographical Jacobinism began to acquire a new political overlay. From 1898 the great left-wing politician Jean Jaurès began to produce a *Socialist History of the French Revolution* which emphasized its economic and social dimensions and introduced an element of Marxist analysis. Marx himself had written little directly on the Revolution, but it was easy enough to fit a movement which had begun with an attack on nobles and feudalism into a theory of history that emphasized class struggle and the conflict between capitalism and feudalism. The French Revolution from this viewpoint was the key moment in modern history, when the capitalist bourgeoisie overthrew the old feudal nobility. The fundamental questions about it were therefore economic and social. At the very moment when Jaurès was writing, a fierce young professional historian, Albert Mathiez, was beginning a lifelong campaign to rehabilitate Robespierre, under whose terroristic rule clear 'anticipations' of later socialist ideals had appeared. Mathiez set out to stamp his own viewpoint on the entire historiography of the Revolution, and his native vigour was redoubled from 1917 by the example and inspiration of the Bolshevik Revolution in Russia, which seemed to revive the lost promise of 1794. Robespierre's Republic of Virtue would live again in Lenin's Soviet Union. Mathiez only belonged briefly to the Communist Party, but he established a parallel historical party of his own in the form of a 'Society of Robespierrist Studies'. Its journal, the *Annales Historiques de la Révolution française*, is still the main French-language periodical devoted to the Revolution. Apart from the years of Vichy, when it was silenced, from the death of Mathiez in 1932 until the advent of Furet this society and its members dominated teaching and writing about the Revolution in France, and its successive leading figures occupied the chair of the History of the Revolution at the Sorbonne. When Furet launched his polemics, the incumbent of this apostolic succession was the lifelong Communist Albert Soboul (d.1982), against whose convictions the waters of what he naturally called 'revisionism' broke in vain.

Revisionism

But revisionism had not begun with Furet. It originated in the English-speaking world in the 1950s – in England with Alfred Cobban, in the USA with George V. Taylor. Although many of the great minds of nineteenth-century anglophone culture had been fascinated by the French Revolution and Napoleon, interest lapsed during the first half of the twentieth century. The handful of historians still attracted to the subject worked little in France and achieved almost no recognition there. After the Second World War, however, as Western democracy appeared threatened by Marxists both domestic and foreign, it seemed urgent to rescue the great episodes of modern history from tendentious distortions. Both Cobban and Taylor chose to confront what they called the French 'orthodoxies' head-on. It was a myth, Cobban claimed, that the revolutionaries of 1789 were the spokesmen of capitalism; the deputies who destroyed the ancien régime were office-holders and landowners. In any case, Taylor argued, most pre-revolutionary wealth was non-capitalist, and such capitalism as there was had no interest in the destruction of the old order. That destruction, indeed, so far from sweeping away the obstacles holding back a thrusting capitalist bourgeoisie, proved an economic disaster and drove everyone with money to invest in the security of land. Taking their cue from the vast range of questions raised by these critiques, throughout the 1960s and 1970s a new generation of scholars from English-speaking countries invaded the French archives to test the new hypotheses. By the 1980s they had largely demolished the empirical basis and the intellectual coherence of the 'classic' interpretation of the Revolution's origins.

Initially the French maintained their traditional disdain for the 'Anglo-Saxons', dismissing Taylor and Cobban as cold warriors who had read too much Burke and wished only to disparage the Revolution as a continuing threat to the hegemony of the Western bourgeoisie. But when Furet and Richet challenged the classic interpretation from within the introverted world of French culture, the Robespierrists were forced onto the defensive. Furet, who had no problems with the English language, had by the early 1970s begun to incorporate the findings and arguments of the foreigners into his own interpretations; as well as those of a compatriot long neglected in France but always taken seriously by English speakers, Alexis de Tocqueville (d. 1859). Tocqueville saw the Revolution as the advent of democracy and equality but not of liberty. Napoleon and his nephew, whom this aristocrat of old stock hated, had shown how dictatorship could be established with democratic support, since the Revolution had swept away all the institutions which, in impeding the relentless growth of state power, had kept the spirit of liberty alive. These insights persuaded Furet that the Revolution had not after all skidded off course into terror. The potential for terror had been inherent right from the start, from the moment when national sovereignty was proclaimed and no recognition given to the legitimacy of conflicting interests within the national community. For all its libertarian rhetoric, the Revolution had no more been disposed to tolerate opposition than the old monarchy, and the origins of modern totalitarianism would be found in the years between 1789 and 1794.

Post-revisionism

This was more than revisionism. The approach of Cobban, Taylor, and those who came after them has largely been empirical, undermining the sweeping social and economic claims of the classic interpretation with new evidence, but seldom seeking to establish new grand overviews. The most they claimed was that the Revolution could be more convincingly explained in terms of politics, contingency, and perhaps even accident. This is largely the approach adopted in earlier chapters of this book. Such suggestions did not satisfy bolder minds. As Furet began to depict a Revolution in the grip of attitudes and convictions which propelled it inevitably towards terror, others, mostly in America, sought wider explanations for revolutionary behaviour in cultural terms. They saw a number of 'discourses' emerging from the political conflict between 1770 and 1789, which laid the foundation for much of the uncompromising language and arguments of the revolutionaries. Borrowing from the speculations of the German left-wing philosopher Jürgen Habermas, they argued that in the generation before the Revolution public opinion escaped from the king's control, and that in the process respect and reverence for the monarchy ebbed away. Furet found these interpretative trends even more congenial than those of early revisionism, and spent increasing amounts of time in America and at conferences abroad, where yet another generation of young scholars committed to the cultural approach treated the triumphs of revisionism as yesterday's battles. By 1987, these trends were crystallizing into a new orthodoxy, and were being labelled as post-revisionism.

The bicentenary

Whatever might be said against the classic interpretation, it was at least coherent and comprehensible. By contrast, the 'linguistic turn' of post-revisionism, increasingly influenced by philosophers and literary theorists, produced much abstruse material that could barely be understood outside specialist circles. When, therefore, the Socialist president of France decreed, some years in advance, that the revolutionary bicentenary of 1989 must be celebrated, he entrusted the academic side of the festivities to the still well-entrenched defenders of what Soboul had called, just before he died, 'our good old orthodoxy'. Soboul's successor at the Sorbonne, Michel Vovelle, was given a worldwide mission of coordinating academic commemoration. He worked so hard at it that eventually doctors instructed him to stop. But the learned bicentenary proved just as unmanageable as the more public one. While both Vovelle and Furet toured colloquia in every continent, they never appeared together on the same platform, and Furet and his cohorts boycotted the biggest conference of the year organized by Vovelle in Paris. This was scarcely the attitude of scholarly detachment for which Furet had seemed to be calling in 1978. As a

11. Scholarly overload: The reaction of reviewers to the bicentenary (*Daily Telegraph*, 3 June 1989).

subject arousing sectarian passions, the Revolution was clearly far from finished, even for those claiming it was.

The bicentenary, in fact, released a torrent of vituperative publishing, most of it denouncing one aspect or another of the Revolution and its legacy. Particularly vocal in France were defenders of the Vendée rebels, the most persistent contemporary French enemies of the Revolution, and in consequence victims of the most savage repression. The heroism of devout peasant guerillas, long derided as superstitious fanatics, was now lovingly chronicled. Catholic clergy reminded their flocks of when modern impiety had begun. In the English-speaking world, meanwhile, while hundreds of learned gatherings picked over the debris of a generation of scholarly clashes, and publishers and the media felt obliged to mark the bicentenary in one way or another, the sensation of the year was the publication of Simon Schama's *Citizens*, a vast 'chronicle' of the Revolution which ignored the historical debate almost entirely in the interests of telling a colourful and lurid story. The overall message was the folly of undertaking revolutions (one fortunately lost on the East Europeans who were at that moment defying Soviet satellite regimes). Yet there was an intellectual stance behind Schama's Dickensian narrative, and it was basically the same as Furet's. The terror, declared the most famous sentence in the book, was merely 1789 with a higher body count; and 'violence . . . was not just an unfortunate side effect . . . it was the Revolution's source of collective energy. It was what made the Revolution revolutionary'. Significantly, Schama's tale ended abruptly in 1794 with the fall of Robespierre and the end of the terror.

One of the favourite mantras of the Revolution's classic interpreters was taken from Georges Clemenceau, the statesman of the Third Republic who gloried in the achievements of the First. The Revolution, he declared, was a *bloc*. It had to be accepted in its totality, terror and all. It could not be disaggregated. Revisionism, with its emphasis on the contingent, the accidental, and the reality of choices facing those involved, suggested otherwise – as had the young Furet when he and

Richet spoke of the Revolution skidding off course. Only by approaching events as contemporaries had to, without an awareness of horrors to come, could regicide, dechristianization, and the guillotine be prevented from throwing their shadows over what preceded them, as they did over everything that followed. Post-revisionists, however, turned against this approach. In emphasizing the cultural constraints that determined what history's actors could or could not think or do, they opened the way to a determinism not unlike that of the economic and social factors emphasized by the classic historians in their Marxist-inspired heyday. And in insisting that terror was inherent in the Revolution from the start, Furet made it the central issue by which to judge the movement's entire significance. For post-revisionists of all stamps, in fact, the Revolution was as much a *bloc* as it was for those they claimed to have vanquished.

It was, of course, a different sort of *bloc*. And while the post-revisionist emphasis on the centrality of terror encouraged blanket denunciations not only of the Revolution but also of the very attempt to commemorate it, there were also plenty of celebrations throughout France, as Mitterrand intended, of two hundred years of human rights. Vovelle, for his part, while reiterating his commitment to left-wing values traceable back to Jacobinism, refused to accept that there had been any sort of contest with Furet, observing meekly that scholarly enquiry was open to all viewpoints. But, apart from a few hard-line Communists, the adherents of the once-hegemonic classic tradition emerged from the bicentenary chastened. In the 1990s, the *Annales Historiques de la Révolution* began gingerly to open its pages to non-members of the Robespierrist studies circle, and to review their books for purposes other than denunciation. The chair of Mathiez, Soboul, and Vovelle is now occupied by a historian of the Vendée. And although since the death of Furet new sympathetic analyses of Jacobinism have begun to appear, they have been anxious to deny that terror was part of its mainstream. The heaviest blows, however, were not delivered by scholarly revisionists or post-revisionists. They came from the spectacular collapse of Soviet Communism.

The end of a dream?

Awareness of the full repressive record of Soviet Communism had been growing at least since Krushchev had begun to denounce Stalin in 1956. But so long as the Soviet Union continued apparently flourishing and powerful, it could be argued that its Marxist ideology worked and that its bloody past had been a worthwhile price to pay to secure popular democracy. Similar arguments had been used to justify terror in 1793–4, and by later pro-Jacobin historians. When the rule of Gorbachev revealed the whole Soviet edifice to be unviable, and incapable of sustaining its sister-republics in Eastern Europe, this delusion collapsed. A regime invested for seventy years with all the hopes and dreams repeatedly frustrated since the fall of Robespierre had proved scarcely more successful, and at far heavier human cost, than the prototype which it and its friends held in reverence. If such regimes were the true heirs of the French Revolution, then Tocqueville and Furet were right in their perception that its significance lay not in the enhancement of liberty but in the promotion of state power. Faith in the benevolent potential of a rationalizing state was the first, and perhaps the last, illusion of the Enlightenment; and in this sense the French Revolution, and all the others that followed over two hundred years, were its authentic heirs. The illusion died whilst historians in the West squabbled about how, or even whether, to mark the Revolution's second centenary.

But of course totalitarian peoples' democracy was not the only legacy of ways of thinking that first triumphed in the 1790s. François Mitterrand's decision to celebrate the rights of man at the bicentenary was more than a doomed attempt to dissociate the memory of the Revolution from the terror. It was also a recognition that the ideology of human rights was, if anything, more important than it had ever been. Regimes of tyranny and massacre have no monopoly in the heritage of the Revolution. Citizens of modern constitutional democracies whose civil and political rights are guaranteed, and whose life chances are equal before the law, can find much in it to celebrate. The ambition of the French Revolution was so comprehensive that almost anyone living since can find something there to admire as well as to deplore. Nor are all the battles it launched yet over. If the collapse of Communism can be seen as defeat for Jacobins, the European Union looks very like a Girondin project to bring the liberal benefits of 1789 to Europe as a whole. In turn, this aspiration meets most resistance from national reflexes first fully aroused by the challenges emanating from revolutionary France. 'The barest enumeration of some of the principal consequences of 1789', wrote an eminent literary critic in 1987, even before the full symbolic significance of the bicentennial year had emerged,

> enforce the realisation that the world as we know it today . . . is the composite of reflexes, political assumptions and structures, rhetorical postulates, bred by the French Revolution. More than arguably, for it entails subsequent, so often mimetic revolutionary movements and struggles across the rest of the planet, the French Revolution is the pivotal historical-social date after that of the foundation of Christianity . . . Time itself, the cycle of lived history, was deemed to have begun a second time . . . 1789 continues to be now.
>
> G. Steiner, 'Aspects of Counter-Revolution', in G. Best (ed.) *The Permanent Revolution*

The last word, however, should perhaps be left to the author with whom this book began. 'That, my dear Algy', says Ernest Worthing, 'is the whole truth pure and simple.' 'The truth', his friend replies, 'is rarely pure and never simple.'

Timeline: Important dates of the French Revolution

BEFORE

1756–1763	Seven Years War
1770	Future Louis XVI marries Marie-Antoinette
1771–4	Maupeou remodels parlements
1774	Accession of Louis XVI. Dismissal of Maupeou
1776	American Declaration of Independence. Necker joins government
1778	France enters American War of Independence. Death of Voltaire and Rousseau
1781	Necker resigns
1783	Peace of Paris; Calonne becomes finance minister
1787	Assembly of Notables
1788	8 Aug. Estates-General convoked for 1789
	16 Aug. Payments suspended from Treasury
	Oct.–Dec. Second Assembly of Notables
	27 Dec. Doubling of third estate

DURING

1789	Feb.–June. Elections to Estates-General
	Feb. Sieyès, *What is the Third Estate?*
	5 May. Estates-General convene
	17 May. National Assembly proclaims national sovereignty
	20 May. Tennis Court Oath

	27 May. Orders finally unite
	14 July. Bastille falls
	July. 'Great Fear' in countryside
	4 Aug. Abolition of feudalism, privileges, and venality
	26 Aug. Declaration of Rights of Man and the Citizen
	5–6 October. 'October Days': women march to Versailles, king and Assembly move to Paris
	2 Nov. Church property nationalized
	12 Dec. *Assignats* introduced.
1790	13 Feb. Monastic vows forbidden
	22 May. Foreign conquests renounced
	19 June. Nobility abolished
	12 July. Civil Constitution of the Clergy
	16 Aug. Parlements abolished
	27 Nov. Oath of the clergy
	Nov. Burke, *Reflections on the Revolution in France*
1791	Mar. Paine, *Rights of Man*
	2 Mar. Guilds dissolved
	13 Apr. Pope condemns Civil Constitution
	14 May. Le Chapelier law bans trade unions
	20–21 June. Flight to Varennes
	16 July. Louis XVI reinstated
	17 July. Champ de Mars massacre
	14 Aug. Slave rebellion in Saint-Domingue
	27 Aug. Declaration of Pillnitz
	14 Sept. Louis XVI accepts constitution
	30 Sept. Constituent Assembly dissolved
	1 Oct. Legislative Assembly convenes
	19 Dec. Louis XVI vetoes decrees against émigrés and unsworn priests
1792	20 April. War declared on Austria
	25 April. First use of guillotine
	13 June. Prussia declares war on France
	20 June. Sansculottes invade royal palace

30 June. *Fédérés* enter Paris singing the *Marseillaise*
10 August. Overthrow of monarchy
2–6 Sept. September massacres
20 Sept. First victory of French forces at Valmy
21 Sept. Convention meets
22 Sept. Republic proclaimed
19 Nov. Fraternity and help offered to all peoples 'seeking to recover their liberty'
3 and 26 Dec. Trial of Louis XVI

1793 16 Jan. Louis XVI condemned to death
21 Jan. King executed
1 Feb. War against British and Dutch
11 Mar. Vendée rebellion begins
19 Mar. Defeat in Belgium at Neerwinden
6 April. Committee of Public Safety created
31 May–2 June. Purge of Girondins
June. Spread of 'Federalist Revolt'
13 July. Marat assassinated
27 July. Robespierre joins Committee of Public Safety
23 Aug. *Levée en masse* decree
27 Aug. Toulon surrenders to the British
5 Sept. Sansculottes force Convention to declare terror the order of the day
29 Sept. General maximum on prices
Oct.–Dec. Dechristianization campaign
5 Oct. Revolutionary calendar introduced
9 Oct. Fall of Lyon to Convention's forces
16 Oct. Marie-Antoinette executed
31 Oct. Girondins executed
19 Dec. Fall of Toulon
23 Dec. Vendéans defeated at Savenay

1794 4 Feb. Abolition of slavery
24 Mar. Execution of Hébertists
5 Apr. Execution of Dantonists

	8 June. Festival of the Supreme Being
	10 June. Law of 22 prairial inaugurates 'Great Terror' in Paris
	27–8 July (9–10 thermidor). Fall of Robespierre; end of terror
	Aug.–Dec. 'Thermidorean Reaction'
	18 Sept. Republic renouces all religious affiliations
	12 Nov. Jacobin club closed
	24 Dec. Invasion of Dutch Republic
1795	1–2 Apr. Germinal uprising of sansculottes
	20–23 May. Prairial uprising of sansculottes
	8 June. Death of Louis XVII
	24 June. Declaration of Verona by Louis XVIII
	27 June–21 July. Emigré landing at Quiberon
	22 Aug. Constitution of Year III and Two Thirds Law approved
	1 Oct. Belgium annexed
	5 Oct. Vendémiaire uprising in Paris: 'whiff of grapeshot'
	2 Nov. Directory inaugurated
1796	19 Feb. Abolition of *assignats*
	11 April. Bonaparte invades Italy
	10 May. Arrest of Babeuf and conspirators for equality
1797	18 April. Bonaparte forces peace preliminaries of Leoben on the Austrians
	29 June. Cisalpine Republic created
	4 September. Councils and Directory purged in coup of fructidor
	30 Sept. Bankruptcy of Two Thirds
	18 Oct. Peace of Campo Formio ends war on the continent
1798	15 Feb. Roman Republic proclaimed
	11 May. Electoral results annulled in coup of floréal
	19 May. Bonaparte sails for Egypt
	21 May. Irish rebellion
	1 Aug. Battle of the Nile. Bonaparte marooned in Egypt
	5 Sept. Jourdan law universalizes conscription
1799	26 Jan. Parthenopean Republic proclaimed in Naples
	12 Mar. Austria declares war: War of the Second Coalition

	10 Apr. Pope Pius VI brought to France
	18 June. Directory purged in coup of prairial
	22 Aug. Bonaparte leaves Egypt
	29 Aug. Death of Pius VI
	9 Oct. Bonaparte lands in France
	9–10 Nov. Bonaparte takes power in coup of 18–19 brumaire
	25 Dec. Consular constitution promulgated
1800	14 June. First Consul defeats Austrians at Marengo. Negotiations with new pope, Pius VII, follow
	3 Dec. Final defeat of Austrians at Hohenlinden
1801	16 July. Concordat signed
1802	27 Mar. British make peace at Amiens. End of French revolutionary wars
	18 Apr. Concordat promulgated

AFTER

1804	Promulgation of the Civil Code
1804	Coronation of the Emperor Napoleon; end of the First Republic
1806	Dissolution of the Holy Roman Empire
1808	Deposition of Spanish Bourbons
1812	Napoleon invades Russia; retreat from Moscow
1814–15	First Bourbon restoration
1815	20 March–22 June. The 'Hundred Days'
	18 June. Final defeat of Napoleon at Waterloo
1815–30	Restoration monarchy
1821	Death of Napoleon on St. Helena
1830	June: Revolution of 1830
1830–48	July Monarchy: reign of Louis-Philippe
1835	Büchner, *Danton's Death*
1836	Carlyle, *The French Revolution. A History*
1840	Return of Napoleon's remains to France
1848	February. Revolution of 1848
	December. Louis-Napoleon Bonaparte elected president

1848–52	Second Republic
1852–70	Second Empire: reign of Napoleon III
1856	Tocqueville, *The Ancien Regime and the French Revolution*
1859	Dickens, *A Tale of Two Cities*
1870	Franco-Prussian War; abdication of Napoleon III
1871	Paris Commune
1873–1940	Third Republic
1905	Separation of church and state
1917	Russian Revolution
1940–4	Vichy State
1944–58	Fourth Republic
1958	Fifth Republic established
1989	Bicentenary of the French Revolution

THE REVOLUTIONARY CALENDAR: introduced in October 1793 and dating from 22 September, the anniversary of the declaration of the Republic, the calendar remained in official use until 1806. The names of its months, invented by Fabre d'Eglantine, were intended to evoke the seasons, but defy easy translation. Scornful British contemporaries, however, rendered

Month	Revolutionary year			
	II	III	IV	V
1 vendémiaire	22 Sept. 1793	22 Sept. 1794	23 Sept. 1795	22 Sept. 1796
10	1 Oct. 1793	1 Oct. 1794	2 Oct. 1795	1 Oct. 1796
20	11	11	12	11
1 brumaire	22	22	23	22
10	31	31	1 Nov. 1795	31
20	10 Nov. 1793	10 Nov. 1794	11	10 Nov. 1796
1 frimaire	21	21	22	21
10	30	30	1 Dec. 1795	30
20	10 Dec. 1793	10 Dec. 1794	11	10 Dec. 1796
1 nivôse	21	21	22	21
10	30	30	31	30
20	9 Jan. 1794	9 Jan. 1795	10 Jan. 1796	9 Jan. 1797
1 pluviôse	20	20	21	20
10	29	29	30	29
20	8 Feb. 1794	8 Feb. 1795	9 Feb. 1796	8 Feb. 1797
1 ventôse	19	19	20	19
10	28	28	29	28
20	10 Mar. 1794	10 Mar. 1795	10 Mar. 1796	10 Mar. 1797
1 germinal	21	21	21	21
10	30	30	30	30
20	9 Apr. 1794	9 Apr. 1795	9 Apr. 1796	9 Apr. 1797
1 floréal	20	20	20	20
10	29	29	29	29
20	9 May 1794	9 May 1795	9 May 1796	9 May 1797
1 prairial	20	20	20	20
10	29	29	29	29
20	8 June 1794	8 June 1795	8 June 1796	8 June 1797
1 messidor	19	19	19	19
10	28	28	28	28
20	8 July 1794	8 July 1795	8 July 1796	8 July 1797
1 thermidor	19	19	19	19
10	28	28	28	28
20	7 Aug. 1794	7 Aug. 1795	7 Aug. 1796	7 Aug. 1797
1 fructidor	18	18	18	18
10	27	27	27	27
20	6 Sept. 1794	6 Sept. 1795	6 Sept. 1796	6 Sept. 1797
1st complementary day	17	17	17	17
5th	21	21	21	21
6th		22		

them: Slippy, Nippy, Drippy; Freezy, Wheezy, Sneezy; Showery, Flowery, Bowery; Heaty, Wheaty, Sweety. Twelve thirty-day months left five days over. These days were originally called *sansculottides*, but under the Directory were relabelled complementary days. Below is a concordance between the revolutionary and Gregorian calendars.

VI	VII	VIII	IX
22 Sept. 1797	22 Sept. 1798	23 Sept. 1799	23 Sept. 1800
1 Oct. 1797	1 Oct. 1798	2 Oct. 1799	2 Oct. 1800
11	11	12	12
22	22	23	23
31	31	1 Nov. 1799	1 Nov. 1800
10 Nov. 1797	10 Nov. 1798	11	11
21	21	22	22
30	30	1 Dec. 1799	1 Dec. 1800
10 Dec. 1797	10 Dec. 1798	11	11
21	21	22	22
30	30	31	31
9 Jan. 1798	9 Jan. 1799	10 Jan. 1800	10 Jan. 1801
20	20	21	21
29	29	30	30
8 Feb. 1798	8 Feb. 1799	9 Feb. 1800	9 Feb. 1801
19	19	20	20
28	28	1 Mar. 1800	1 Mar. 1801
10 Mar. 1798	10 Mar. 1799	11	11
21	21	22	22
30	30	31	31
9 Apr. 1798	9 Apr. 1799	10 Apr. 1800	10 Apr. 1801
20	20	21	21
29	29	30	30
9 May 1798	9 May 1799	10 May 1800	10 May 1801
20	20	21	21
29	29	30	30
8 June 1798	8 June 1799	9 June 1800	9 June 1801
19	19	20	20
28	28	29	29
8 July 1798	8 July 1799	9 July 1800	9 July 1801
19	19	20	20
28	28	29	29
7 Aug. 1798	7 Aug. 1799	8 Aug. 1800	8 Aug. 1801
18	18	19	19
27	27	28	28
6 Sept. 1798	6 Sept. 1799	7 Sept. 1800	7 Sept. 1801
			18
17	17	18	22
21	21	22	
	22		

Further reading

If this book has achieved its aims, readers will not be surprised to learn that the literature of the French Revolution is truly vast. Much of the detailed work is also in French, although there is more of quality in English than on most historical topics outside the anglophone sphere. Fortunately most of the books in the following very select list have substantial bibliographies and often detailed footnotes from which particular aspects of the subject can be pursued beyond anything possible in a very short introduction.

General surveys

M. Broers, *Europe under Napoleon 1799–1815* (London, 1996). Treats the Napoleonic epic as a prolongation of the Revolution. A *tour de force*.

W. Doyle, *The Oxford History of the French Revolution* (Oxford, 1989). Not simply about the Revolution in France, but also its impact on Europe as a whole.

F. Furet, *Revolutionary France 1770–1870* (Oxford, 1992). The leading late twentieth-century French authority sets the Revolution in the longer-term sweep of his country's history.

C. Jones, *The Longman Companion to the French Revolution* (London, 1988). An invaluable compendium of useful information.

A. Mathiez, *The French Revolution* (London, 1928). *The* classic account: compellingly written with passionate commitment.

S. Schama, *Citizens. A Chronicle of the French Revolution* (London, 1989). The bestseller of the bicentennial year, immensely readable, extremely long, accelerating towards an abrupt conclusion in 1794.

D. M. G. Sutherland, *France 1789–1815. Revolution and Counter-Revolution* (London, 1986). Rich in detail, taking in Napoleon as well as the revolutionary decade.

Interpretations

T. C. W. Blanning, *The French Revolution, Class War or Culture Clash?* (London, 1998). Spikily readable reflections on the direction of the debate since the 1950s.

A. Cobban, *The Social Interpretation of the French Revolution* (2nd edition, Cambridge, 1999). A reissue of the founding text of revisionism, with an introduction by Gwynne Lewis.

F. Furet, *Interpreting the French Revolution* (Cambridge, 1982). Furet's initial manifesto against the 'Jacobino-Marxist Vulgate'.

G. Lewis, *The French Revolution. Rethinking the Debate* (London, 1993). Vigorously written attempt to salvage classic traditions from a generation of revisionism and post-revisionism.

C. Lucas (ed.), *Rewriting the French Revolution* (Oxford, 1991). Bicentennial lectures by an international panel of authorities.

J. M. Roberts, *The French Revolution* (2nd edition, Oxford, 1999). Thoughtful reflections on the Revolution's ambiguities.

A. de Tocqueville, *The Old Regime and the Revolution* (London, 1988). There are many editions of this most enduring of analyses. This one has a useful introduction by Norman Hampson.

Origins

R. Chartier, *The Cultural Origins of the French Revolution* (Durham, NC, 1991). Authoritative post-revisionist survey.

W. Doyle, *Origins of the French Revolution* (3rd edition, Oxford, 1999). Contains a historiographical survey as well as an analytical account.

G. Lefebvre, *The Coming of the French Revolution* (Princeton, 1947). The best analysis in the classic tradition.

B. Stone, *The Genesis of the French Revolution. A Global-historical Interpretation* (Cambridge, 1994). Attempts to set the origins in a wider context.

T. Tackett, *Becoming a Revolutionary. The Deputies of the French National Assembly and the Emergence of a Revolutionary Culture (1789–1790)* (Princeton, 1996). Careful analysis of the early stages of the revolutionary process.

Topics

F. Aftalion, *The French Revolution. An Economic Interpretation* (Cambridge, 1990).

D. Arasse, *The Guillotine and the Terror* (London, 1989).

N. Aston, *Religion and Revolution in France 1780–1804* (London, 2000). Incorporates thirty years of scholarship since McManners.

T. C. W. Blanning, *The French Revolutionary Wars 1787–1802* (London, 1996).

M. Crook, *Elections in the French Revolution* (Cambridge, 1996).

A. Forrest, *The French Revolution and the Poor* (Oxford, 1981).

H. Gough, *The Newspaper Press in the French Revolution* (London, 1988).

—— *The Terror in the French Revolution* (London, 1998).

P. Jones, *The Peasantry and the French Revolution* (Cambridge, 1988).

D. P. Jordan, *The King's Trial. Louis XVI versus the French Revolution* (Berkeley, 1979).

M. Lyons, *Napoleon Bonaparte and Legacy of the French Revolution* (London, 1994).

J. McManners, *The French Revolution and the Church* (London, 1969). Elegant and moving brief survey, superbly readable.

S. E. Melzer and L. E. Rabine (eds.), *Rebel Daughters. Women and the French Revolution* (New York, 1992).

J. Roberts, *The Counter-Revolution in France 1787–1830* (London, 1991).

G. Rudé, *The Crowd in the French Revolution* (Oxford, 1965).

P. W. Schroeder, *The Transformation of European Politics, 1763–1848*

(Oxford, 1994). The latest thinking on international relations in the age of revolutions.

G. A. Williams, *Artisans and Sansculottes. Popular Movements in France and Britain during the French Revolution* (2nd edition, London, 1988).

People

I. Germani, *Jean-Paul Marat, Hero and Anti-hero of the French Revolution* (Lampeter, 1992).

N. Hampson, *The Life and Opinions of Maximilien Robespierre* (London, 1974). Brilliant reflections on the problems of interpreting this central figure.

—— *Danton* (London, 1978).

J. Hardman, *Louis XVI* (London and New Haven, 1993). Idiosyncratic biography, at its best before 1789.

C. Haydon and W. Doyle (eds.), *Robespierre* (Cambridge, 1998). Essays on the significance of Robespierre in the Revolution and later.

F. Markham, *Napoleon* (London, 1963). Still the best short introduction to Napoleon's life.

W. Roberts, *Jacques-Louis David, Revolutionary Artist. Art, Politics and the French Revolution* (Chapel Hill, NC, 1989).

R. B. Rose, *Gracchus Babeuf. The First Revolutionary Communist* (London, 1978).

Legacies

H. Ben Israel, *English Historians of the French Revolution* (Cambridge, 1968). Surveys nineteenth-century debates.

G. Best (ed.), *The Permanent Revolution. The French Revolution and its Legacy, 1789–1989* (London, 1988). Eight distinguished essayists explore the Revolution's enduring importance.

R. Gildea, *The Past in French History* (New Haven and London, 1994). Analyses the haunting of modern French history by revolutionary ghosts.

E. J. Hobsbawm, *Echoes of the Marseillaise. Two Centuries Look Back on the*

French Revolution (London, 1990). A Marxist lament for the loss of old certainties.

S. L. Kaplan, *Farewell, Revolution* (2 vols, Ithaca, New York, 1995). Long and wordy, but the fullest account of the bicentenary of 1989 in France. Volume I covers the public commemoration, volume II the historical debate.

J. Klaits and M. H. Haltzel (eds.), *The Global Ramifications of the French Revolution* (Cambridge, 1994). Wide-ranging essays touching some unexpected areas.

“牛津通识读本”已出书目

古典哲学的趣味
人生的意义
文学理论入门
大众经济学
历史之源
设计，无处不在
生活中的心理学
政治的历史与边界
哲学的思与惑
资本主义
美国总统制
海德格尔
我们时代的伦理学
卡夫卡是谁
考古学的过去与未来
天文学简史
社会学的意识
康德
尼采
亚里士多德的世界
西方艺术新论
全球化面面观
简明逻辑学
法哲学：价值与事实
政治哲学与幸福根基
选择理论
后殖民主义与世界格局

福柯
缤纷的语言学
达达和超现实主义
佛学概论
维特根斯坦与哲学
科学哲学
印度哲学祛魅
克尔凯郭尔
科学革命
广告
数学
叔本华
笛卡尔
基督教神学
犹太人与犹太教
现代日本
罗兰·巴特
马基雅维里
全球经济史
进化
性存在
量子理论
牛顿新传
国际移民
哈贝马斯
医学伦理
黑格尔

地球
记忆
法律
中国文学
托克维尔
休谟
分子
法国大革命
民族主义
科幻作品
罗素
美国政党与选举
美国最高法院
纪录片
大萧条与罗斯福新政
领导力
无神论
罗马共和国
美国国会
民主
英格兰文学
现代主义
网络
自闭症
德里达
浪漫主义
批判理论

德国文学
戏剧
腐败
医事法
癌症
植物
法语文学
微观经济学
湖泊
拜占庭
司法心理学
发展
农业
特洛伊战争
巴比伦尼亚

儿童心理学
时装
现代拉丁美洲文学
卢梭
隐私
电影音乐
抑郁症
传染病
希腊化时代
知识
环境伦理学
美国革命
元素周期表
人口学

电影
俄罗斯文学
古典文学
大数据
洛克
幸福
免疫系统
银行学
景观设计学
神圣罗马帝国
大流行病
亚历山大大帝
气候
第二次世界大战